La Medicina *del* Alma

Si este libro le ha interesado y desea que lo mantengamos
informado de nuestras publicaciones, puede escribirnos a
comunicacion@editorialsirio.com,
o bien suscribirse a nuestro boletín de novedades en:
www.editorialsirio.com

Diseño de portada: Editorial Sirio, S.A.

© 2016 Beisblany Maarlem Castillo

© de la presente edición
EDITORIAL SIRIO, S.A.

EDITORIAL SIRIO, S.A.	**NIRVANA LIBROS S.A. DE C.V.**	**DISTRIBUCIONES DEL FUTURO**
C/ Rosa de los Vientos, 64	Camino a Minas, 501	Paseo Colón 221, piso 6
Pol. Ind. El Viso	Bodega nº 8,	C1063ACC
29006-Málaga	Col. Lomas de Becerra	Buenos Aires
España	Del.: Alvaro Obregón	(Argentina)
	México D.F., 01280	

www.editorialsirio.com
sirio@editorialsirio.com

I.S.B.N.: 978-84-16579-57-0
Depósito Legal: MA-765-2016

Impreso en Imagraf Impresores, S. A.
c/ Nabucco, 14 D - Pol. Alameda
29006 - Málaga

Impreso en España

Puedes seguirnos en Facebook, Twitter, YouTube e Instagram.

Cualquier forma de reproducción, distribución, comunicación pública o transformación de esta obra solo puede ser realizada con la autorización de sus titulares, salvo excepción prevista por la ley. Diríjase a CEDRO (Centro Español de Derechos Reprográficos, www.cedro.org) si necesita fotocopiar o escanear algún fragmento de esta obra.

Dra. Beisblany Maarlem Castillo

La Medicina
Alma
del

editorial Sirio

A todos los seres de Luz que me han acompañado en este proceso.

Y a mi pequeña Lía, mi gran maestra. Un ser que nuevamente me ha dado el privilegio de vivir esta experiencia evolutiva a su lado.

Cito las palabras que me dijiste, cuando apenas tenías tres añitos de edad y yo estaba iniciando mi proceso de despertar a las realidades de este mundo y de otros que no recordaba, mientras que tú tenías toda la información contigo:

—Mamá, ahora trabajaremos juntas para la Luz. Ese es nuestro gran secreto y podemos compartirlo.

Gracias, princesa, por acompañarme en esta hermosa misión de Luz.

Gracias, gracias, gracias.

Agradecimientos

Es difícil plasmar en papel toda mi gratitud y todos los nombres de aquellas personas hacia las que siento un enorme agradecimiento desde mi alma.

Pero en primer lugar quiero agradecer a un Ser de Luz femenino que es la clave de mi llegada y existencia en esta experiencia de vida, ya que sin ella yo hoy no existiría: mi madre, Delia Altagracia Castillo. Mami, gracias por tu inmenso amor, gracias por incluso sacrificar tu vida y tus anhelos por los míos. Gracias a tu ejemplo trato de ser cada día mejor amiga, mejor hija, mejor madre, mejor mujer y mejor ser humano. Sabes que te amo y que eso continuará siendo así hasta el fin de los tiempos.

A mi padre, Miguel Lendor Maarlem, gracias por todas tus enseñanzas. Aún hoy, a pesar de ser una mujer independiente, a veces escucho tu voz corrigiéndome y recordándome que en cualquier proceso de esta vida siempre debo dar lo mejor de mí.

A mis hermanos, Mingkingueis y Dormelis, que continúan conmigo en este plano de existencia, y Golsinguel y Wenssa, que partieron a un plano más sublime y espiritual a temprana edad, tal vez porque cumplieron sus misiones de vida con anterioridad y decidieron partir dejándonos una enseñanza impregnada de amor y desapego a lo físico que transformó la vida de todos los que los conocieron. A mis cuatro hermanos, gracias por existir y por ser los pilares de amor, fortaleza, superación y esperanza que sostienen mi templo de vida.

A Sigfredo Zamorano Cruz, mi compañero durante tantos años. Gracias por ser esposo, amante, compañero, amigo y protector. Siempre confiaste en mí y eso me dio fuerzas para continuar hacia delante, sin ni siquiera contemplar la posibilidad de darme por vencida alguna vez. Con esa frase que se convirtió en tu lema —«La vida es un estado mental»— estimulaste tal vez inconscientemente el inicio o llegada a mi vida de este nuevo paradigma. Te amo, Sami.

A mis tíos Francisco, Benito y Ramona, gracias por el amor y la comprensión en todo momento y gracias por las agradables conversaciones que me brindasteis a lo largo de toda mi vida, en las que me escuchabais sin poner el razonamiento de por medio de que yo solo era una niña. Gracias por dejar que me expresara y que pudiera ser quien vine a ser. Os amo.

A mis amigas Annie Edisa Veloz, Lidia Marte e Isabel Martínez, almas afines con quienes he vivido y disfrutado el valor de la verdadera amistad, como una expresión de Amor

Agradecimientos

incondicional, experimentando también la realidad y permanencia de ese amor más allá del espacio en el tiempo y la distancia.

A Alberto Sans: el simple hecho de recordar tu sonrisa me llena de paz. Mi gran amigo y mi punto de realidad en calma y vibración angelical, con el que he vivido experiencias terrenales en medio del bullicio de una gran ciudad como Madrid. Llegaste a mi vida para recordarme que los ángeles no son simplemente parte de una mitología y que pueden estar aquí encarnados como simples mortales. Gracias por el amor que irradia tu sola presencia y que transmites a todo ser a través de tu mirada, tu sonrisa y tus actos de amor.

A Suzanne Powell: el Maestro llega cuando el discípulo está preparado. Mi maestra en la Enseñanza Zen, que día a día nos enseñas a mí y a esta humanidad que podemos y debemos ser nuestros propios maestros. Gracias por las experiencias y enseñanzas compartidas en diferentes dimensiones, no tengo cómo agradecer al universo el inmenso privilegio de coincidir con un ser de tan alta vibración y origen como lo eres tú. Compartir contigo a nivel profesional, espiritual y personal no puede ser descrito de otra forma que como una experiencia cósmica de realidad y amor. Gracias a ti hoy sé que es posible vibrar en Amor en todas las facetas existenciales del Ser y que ser «Zen» no es una religión o moda, sino una filosofía de vida universal en la que la piedra angular es el Amor incondicional y que trasciende barreras ideológicas, planetarias e interdimensionales.

A todo el equipo Zen, en especial a Cristina Casanova: tu compañía durante esa fase aguda de mi despertar fue determinante para mantenerme anclada; fuiste mi toma de tierra durante ese proceso de metamorfosis, estimulando siempre en mi realidad dos grandes pilares: el Amor y la Humildad.

A Miguel Almansa, Merche Delgado e Irene González. Reencontrarme con vosotros es uno de los regalos maravillosos que he recibido del universo, los momentos en que compartimos nuestras experiencias a niveles más allá de la mente en tres dimensiones son mágicos, vuestra presencia en mi vida es más que una reafirmación de que no existen las coincidencias y de que se cumplen los acuerdos previos de reencuentro. Gracias por ser, por existir y por volver.

A mi equipo de compañeros del Centro de Estrategia de Salud de Familia «Leónidas María Mendes»: agentes de salud, enfermeras y coordinadora, nutrióloga, gestoras de salud saliente y entrante, y en especial a la psicóloga Maria Tereza Sebba —directora del CAPS (Centro de Atençao Psicosocial)— y a Fernanda Oliveira —actual secretaria y gestora de la Secretaría Municipal de Salud—. Gracias por vuestro apoyo y por hacer posible que desde mi humilde colaboración pueda ejercer una medicina consciente integrando la medicina convencional con la holística a través de nuestras consultas y visitas domiciliarias, para poder tratar a nuestros pacientes como lo que verdaderamente son: seres constituidos por un cuerpo, una mente y un espíritu de manera integral. Trabajar con vosotros ha sido una bendición para mí. Cada día es una nueva experiencia y por vuestro nivel de consciencia y proyección todo ha sido más fácil. Como hemos hablado en tantas ocasiones, no existen las coincidencias, y que formemos parte del mismo equipo de trabajo tampoco lo es.

Por último, y no por ello menos importante, quiero agradecer a todos y cada uno de los seres (amigos, familiares,

Agradecimientos

colegas...) que de una forma u otra me han acompañado en este proceso evolutivo. Es imposible nombraros a todos sin utilizar una cantidad «imprudente» de páginas para ello, así que confío en que reconoceréis la vibración de amor y gratitud que os envío, así como de reconocimiento por vuestra intervención y colaboración para que hoy pueda ser parte de esta nueva conciencia de unidad.

Gracias a todos.

¡Namaste...!

Yo honro el lugar dentro de ti donde el universo entero reside. Yo honro el lugar dentro de ti de amor y luz, de verdad y de paz. Yo honro el lugar dentro de ti donde cuando tú estás en ese punto tuyo y yo estoy en ese punto mío, somos solo Uno.

Prólogo

Conocer a Beisblany ha sido un regalo en este camino que compartimos en el planeta Tierra.

Su frescura, su alegría y el enorme entusiasmo que siente con su trabajo, ahora en combinación con la multidimensionalidad, serán una gran inspiración para muchas almas que están todavía deseando encontrar una solución, una esperanza, una nueva vida... y que quizás no estén tan lejos.

La medicina del futuro comprende una fusión de terapeutas, médicos, voluntarios y toda aquella persona que sea capaz de darle una esperanza a otro ser humano a través de su propia experiencia.

Beisblany, todavía joven y con muchas ganas de trabajar y explorar todas las posibilidades de una nueva medicina para este mundo, puede ser la clave para abrir la mente a muchos otros compañeros que están todavía buscando su camino.

Una nueva medicina es posible, y si uno es capaz de imaginárselo, existe como una posibilidad en este mundo: creer es crear. Beisblany está avanzando a través de ella con pasos firmes, practicándola en su propia consulta, gracias a la confianza en su capacidad que adquirió en los cursos Zen a los que asistió en Sevilla el pasado año. Está viviendo los resultados en vivo y en directo, tanto con sus pacientes como con sus amigos, con sus familiares y con ella misma; su propio testimonio es lo que le da la mayor confianza para seguir adelante.

Beisblany cree en sí misma, ha vivido muchas experiencias a lo largo de su vida y cree en lo que está haciendo. Sé que va a ser una persona clave para que avancemos en el camino juntos. Compartimos muchas ilusiones y experiencias, y la consciencia en el Amor universal hacia el ser humano.

La felicito con todo mi corazón, porque sé que se requiere un grado de valor, de confianza. A pesar de ser una persona que destaca, no es un camino necesariamente fácil en estos momentos en el planeta Tierra, pero ella sueña con que se hará realidad todo aquello que puede ser un gran beneficio para la humanidad.

Comparto con ella ese entusiasmo y la animo a que siga adelante para inspirar a muchos compañeros en el mundo de la medicina convencional, para que también abran su mente a esta posibilidad, a este nuevo sueño de una nueva medicina y un nuevo mundo que nos espera.

Cuerpo, mente y espíritu: esta es la clave, es necesario contemplar al ser humano como un ser completo para que la medicina holística salga adelante como medicina del futuro. Primero curamos el alma, luego las emociones y finalmente el cuerpo se adaptará mediante un desbloqueo y un control del sistema nervioso. Todo eso lo comprende Beisblany, lo vive, lo siente y lo quiere transmitir.

Unidos hacemos la fuerza y cuando el ser humano se vaya despertando a este nuevo paradigma de una nueva medicina pronto tendremos la posibilidad de afirmar que todos somos Uno, y eso significa que el alma será un Alma colectiva y no partículas flotando por separado.

Seamos todos responsables de crear este nuevo mundo juntos, por fin unidos desde el corazón, para ser una nueva humanidad desde el Amor Incondicional.

SUZANNE POWELL,
instructora Zen y autora
www.editorialsirio.com

Prefacio

Mi nombre es Beisblany Maarlem Castillo, de nacionalidad dominicana, graduada como doctora en Medicina por la Universidad Autónoma de Santo Domingo (UASD), con un máster en Gestión Sanitaria por el Centro de Estudios financieros (CEF) en Madrid, formada en geriatría en el hospital Virgen de la Poveda (Geriatría al final de la vida) —curso avalado por la Agencia Dr. Lain Entralgo, en Madrid—, especializada en Medicina física y deportiva por la Universidad de Oviedo y diplomada en Medicina familiar por la Federal University of Mato Grosso do Sul (UFMS), en Brasil.

Nací en el seno de una familia dividida entre la religión y la ciencia, representada por una generación más antigua en la cual predominaba la religión cristiana —más aún, evangélica—, religión en la que no había cabida para nada que no fuera la existencia y adoración de Dios y su hijo Jesús, sin opciones de adoración a ninguna otra manifestación de lo divino, donde no se aceptaba ni siquiera la devoción a la llamada Madre de Dios o Virgen María y mucho menos a aquellos llamados santos reconocidos por la Iglesia católica, debido a que esa práctica era considerada como pecado: solo se podía adorar a Dios.

Por otro lado se encontraba la nueva generación, diferenciada de la anterior por el desapego a los ritos religiosos y que se caracterizaba por un significativo número de profesionales de mentalidad científica graduados y especializados en diferentes áreas, de las cuales al parecer la medicina era el punto fuerte por el número de médicos que había en la familia, entre ellos mis primos —César Castillo, quien se casó con una ingeniera química; Orlando, traumatólogo y casado con una doctora; Santa y Deysi, quienes realizaron el doctorado en la República Dominicana pero al finalizar se trasladaron a los Estados Unidos para especializarse allí, y Yajaira, quien realizó el mismo proceso pero al terminar medicina escogió ir a Europa, específicamente a España, al igual que yo— y mi hermano Mingkingueis Maarlem, también casado con otra doctora y especializado en ortopedia y traumatología en nuestro país. Con un posgrado en Cirugía de columna vertebral y tras haber cursado Cirugía de pelvis en Ciudad de México, se convirtió en el catedrático más joven que tenía en ese momento la Universidad Autónoma de Santo Domingo.

Resalto esto solo para destacar que yo formaba parte de aquel grupo de profesionales principalmente de la medicina, devotos de la ciencia para quienes lo que no era demostrable con datos y estudios científicos simplemente no era digno de atención.

Prefacio

Durante años me centré exclusivamente en mi formación dentro de la ciencia de la medicina y me olvidé incluso de las experiencias que había tenido en mi niñez con seres que yo denominaba «ángeles» y que había guardado en lo más profundo de mis recuerdos, pensando que eran sueños o producto de mi imaginación.

Era tan ajena al mundo espiritual y a las energías, que no fue hasta febrero de 2015 cuando oí hablar por primera vez sobre «reiki»; eso por no mencionar los «Registros Akáshicos», que me sonaban a chino, o simplemente el concepto integral de medicina holística. Y de contacto extraterrestre ni hablar, ya que no tenía ni siquiera la noción mínima que se adquiere al ver las películas o documentales de ficción y ufología, puesto que no era un género que despertara mi interés. Vivía sumergida en un mundo incompleto, que ahora reconozco como falso, caótico y manipulado, en el cual te preparan para venderte una idea o imagen equívoca de quién eres y de cuál es tu misión, no solo como profesional, sino también como ser humano.

Cuando mi hija antes de cumplir los tres años de edad comenzó a hablar sobre unos seres que nos visitaban, describiéndolos como sus amigos que parecían príncipes, al principio pensé que era un juego o tal vez amigos imaginarios, pero sus encuentros cada vez fueron en aumento, al igual que las conversaciones que mi hija planteaba sobre aquellos seres.

Un día, cuando me hablaba de ellos y sus largas conversaciones —que siempre tenían que ver con energía, protección, amor y luz—, le pregunté si podría describir a sus amigos, y lo hizo. Me dijo que eran muy altos, de piel blanca y de ojos cristalinos como el agua, pero de color azul y verde, que eran hermosos y que emanaba mucha luz de sus rostros. Al escuchar esto, recordé sueños repetitivos que yo había tenido de niña con seres con ese mismo aspecto que ella describía, seres que recuerdo estaban allí para protegerme y que aseguraba que eran una especie de ángeles con cuerpos físicos, ya que podía tocarlos.

Le dije a mi hija que tal vez me estaba hablando de su ángel de la guarda, pero ella me respondió:

—No, mamá, mi ángel de la guarda es chica y tiene el cabello corto y oscuro. Ellos son hombres y sus cabellos parece que están hechos del sol; viven más allá de las estrellas pero no son ángeles; me han dicho que también son amigos de los ángeles, solo que ellos no los adoran como lo hacemos nosotros.

Al escuchar eso no supe qué pensar y le pedí que les dijera a sus amigos que quería hablar con ellos. Su respuesta fue aún más contundente que mi pregunta:

—¡Oh! Pero si ellos ya lo hacen; mira, mamá, cuando llegan, entran en mi habitación y hablan conmigo. Ellos vienen a cuidarnos. Van a la habitación de la abuela para ver si está bien y después van a tu habitación y hablan contigo... pero tú no los escuchas, no despiertas y sigues dormida.

A partir de ahí comencé a prestar más atención a mis sueños y a las percepciones que tenía; tal vez era cierto y estaban tratando de comunicarse conmigo. Sin embargo, a pesar de que mi hija dijo de sus amigos que parecían príncipes, yo quise continuar pensando que tal vez eran ángeles, aunque eso no fuera del todo cierto.

La tarde del día 10 de abril de 2015 fue cuando me comunicaron que escribiría este libro. Primero la descripción y el propósito, y minutos después el título: *La medicina del alma*.

Prefacio

Sentada en el sofá de casa, viendo un programa de televisión, sentí una voz interior que decía que me moviera del sofá porque ya era hora de que iniciara mi misión. Yo no comprendí el mensaje; a pesar de que hacía meses que me estaban aconteciendo cosas algo extrañas, sueños más que frecuentes con presencias que yo creía que eran seres angelicales, simplemente seguía dormida, pero el universo tenía algunas cartas bajo la manga para despertarme.

Introducción

Mi despertar

Mis sueños cada vez eran más lúcidos, podía recordar la paz y el amor que me transmitían aquellos seres con su sola presencia y sus cortos mensajes. Cada vez me hacía más sensible a esas presencias en casa y hasta en mi propio consultorio médico. Aun así, yo misma no dejaba de catalogarlo todo como sueños e imaginaciones, a pesar de que aquellos mensajes de amor estaban cambiando mi vida y sin darme cuenta también la vida de quienes me rodeaban.

La primera vez que los sentí y escuché estando despierta fue aquella tarde cuando me hablaron sobre el libro que debía comenzar a escribir. Yo no creí lo que me estaba ocurriendo, me levanté del sofá y fui al baño, donde volví a escucharlos otra vez. Reconocía esa voz interior en mí, y el sentimiento que despertaba, pero no resonaba en mi cabeza, sino más bien era como si simplemente lo sintiera dentro de mí. Me decían que debía escribir un libro que ayudaría a otros en su proceso de despertar al igual que a mí misma. Yo no lo comprendía, había oído hablar de ese despertar espiritual pero sentía que estaba a años luz de distancia de ese proceso. Lo primero que respondí es que no podía hacerlo, primero porque soy médico y no escritora y segundo porque no tenía la más mínima idea sobre aquel despertar espiritual. Me dijeron que no debía preocuparme, que ellos me acompañarían y que solo tenía que escribir sobre mis experiencias vividas, para que pudieran llegar a otros y estimular su despertar.

—¡Ese es el detalle! –repliqué yo! ¿Sobre qué experiencias? No lo comprendo...

Ellos me respondieron:

—¡No te preocupes! Te ayudaremos a recordar. Ahora ve a un lugar tranquilo, toma lápiz y papel y escribe.

Me dirigí a la habitación que había preparado en casa como lugar de estudio cuando estaba cursando mi especialidad en Medicina física y deportiva. Cerré la puerta, tomé varios folios en blanco y un bolígrafo y me senté en el escritorio, mirando el papel en blanco. Estuve así unos minutos, cuando de repente comencé a sentir una paz sublime y una sensación de amor indescriptible; me sentí acompañada, y reconocí aquella presencia. La recordaba de mi niñez e inicio de mi adolescencia, periodo después del cual perdí aquella conexión. Recordé que ante aquella compañía yo solía cantar y llorar. Lo hacía por la percepción del amor que sentía que inundaba el lugar donde estuviera, ya fuera el dormitorio, el baño o la cocina. Era como si aquel lugar se trasladara junto a mí a otra dimensión. Volví al tiempo presente y pude sentir

Introducción

al ser que irradiaba todo aquel amor de pie justo a mi lado. Comencé a llorar de puro amor nuevamente. Tenía emociones, sensaciones de amor, de anhelo, de melancolía, de alegría, deseo de aventura, sentimiento de separación, de reencuentros..., estaba todo mezclado, pero no había dolor, solo un inmenso amor y una sensación de que estaba mirando a aquellas presencias en lugar de sentirlas, como si yo fuera solo una espectadora. Fue entonces cuando comencé a sentir y visualizar las escenas que leerás en el capítulo «Volver a ser felices».

Al pasar el tiempo continuaba sintiendo la compañía de aquellos seres y seguían sucediendo cosas maravillosas en mi vida. Ahora sentía una necesidad dentro de mí, la de ayudar al prójimo desde el amor que se había despertado en mi interior. Pero aún albergaba dudas sobre todo aquello que estaba viviendo.

Para mí, ya no era suficiente simplemente con la consulta médica y las prescripciones farmacológicas para mis pacientes; sentía que podía y debía hacer algo más por ellos.

La compañía de aquellos seres que yo identificaba como ángeles y el deseo de ayudar desde el amor que estaba sintiendo cada vez con más fuerza dentro de mí me llevaron a investigar sobre terapias energéticas; deseaba encontrar alguna que pudiera complementar y utilizar desde mi profesión como médico para poder ayudar, y así fue como el universo me guió hasta la enseñanza Zen y Suzanne Powell. Después de ver un vídeo de su intervención en el Symposium de Médicos y Sanadores realizado en Barcelona en el año 2013 —¡eran las tres de la madrugada!–, busqué en su blog algo que aún no sabía qué era, hasta que encontré la publicación del próximo curso Zen que impartiría en España, específicamente en la ciudad de Sevilla, y sin pensarlo dos veces me inscribí en él. Compré el billete para irme a España con la esperanza de que estuviera haciendo lo correcto, a pesar de que albergaba muchas dudas sobre la realidad de lo que me estaba sucediendo y de lo que debía hacer.

No había vuelto a escribir después de aquel primer día, pero todo se reactivó cuando en el avión de camino a Madrid tuve mi primera experiencia física y visual con Gentic, un Ser no terrestre que venía a confirmarme que me encontraba en el camino correcto, que todo lo que estaba viviendo era real. Me mostró imágenes sobre su mundo y me dio un mensaje sobre lo que estaba aconteciendo con nuestro planeta Tierra y lo que debíamos hacer nosotros para ayudarle. Me dio algunas claves que estimularon mis recuerdos y mi nivel de consciencia.

Esa fue la primera vez que tuve una conversación telepática y pude ser consciente de ello. Cuando escribí la introducción, la comunicación con aquel ser de Luz fue sensitiva, en forma de emociones —simplemente le percibía y sentía la información que resonaba dentro de mí—, pero esta vez con Gentic fue diferente: podía escuchar su voz clara y fuerte en mi cabeza; no recuerdo cuánto tiempo estuvimos hablando, pero fue increíble.

Después de esto han sido varios los encuentros y conversaciones que hemos mantenido. Se ha dejado ver por algunos amigos y familiares e incluso lo hemos podido fotografiar. También he tenido contacto con otros seres, como Amra, de Andrómeda, el cual me está enseñando mucho sobre diferentes temas, como leyes universales, métodos de transporte consciente e interdimensionales, Zen, manejo de energías y cuerpos etéricos.

Recuerdo cómo después de una de las conversaciones que mantuve con Amra, sobre cómo las emociones descontroladas que nos afectan energéticamente se traducen en enfermedades o alteraciones físicas y psíquicas, se levantó del escalón en donde estaba sentado a mi lado y se despidió muy formalmente como siempre lo hacía, pero en esa ocasión me dejó una tarea:

—Ahora tienes que estudiar sobre el funcionamiento del hígado y las alteraciones que pueden aparecer por su mal funcionamiento, y hablaremos sobre ello la próxima vez.

A pesar de que tenía la percepción de haber estado hablando con él durante horas, me pareció poco, quería continuar la conversación, y por otro lado pensé: «Soy médico; ¿por qué me manda a estudiar sobre el hígado? Conozco la fisiología y el metabolismo hepático»; así que le dije:

—Podemos hablarlo ahora.

Él me miró –vi en sus ojos que había escuchado mis cuestionamientos mentales– y respondió:

—Lo que debes estudiar es el efecto que causa el mal funcionamiento de ese órgano en la frecuencia vibratoria de los diferentes cuerpos etéricos del ser humano.

Yo respondí, con cara de niña traviesa:

—Pero para eso te tengo a ti... Puedes simplemente darme la información y ya está...

Él, que ya estaba de espaldas a punto de doblar la esquina, se dio la vuelta con un gesto que me pareció un poco ensayado, artificial, y me dijo:

—Vas presumiendo de lista y sabelotodo —y tras dibujar una preciosa sonrisa en su rostro, continuó diciendo—: Ahora AVERÍGUALO TÚ.

Me quedé paralizada, pero no por la respuesta, sino por su sonrisa; era increíble, tantas conversaciones y encuentros y nunca le había visto sonreír. Se lo expresé tal cual, diciéndole:

—¡No lo puedo creer! ¡Has sonreído! ¡Sabes hacerlo! ¡Esto es un milagro!

Yo continuaba riendo cuando él se acercó nuevamente a mí; manteniendo aún aquella sonrisa en su rostro, puso su mano izquierda sobre mi hombro y la derecha sobre su pecho. Me miró directamente a los ojos con una mirada muy tierna que me inundaba de sublime amor y gratitud y dijo:

—Yo también estoy aprendiendo de ti.

Más adelante, en otra conversación, me explicó por qué los de su raza habían aprendido a controlar, o más bien evitar, las emociones, cosa que bajo ningún concepto significa que no tuvieran sentimientos.

Son diversas las experiencias de este tipo que he continuado teniendo y diferentes los seres que he conocido. A algunos de estos seres también los ha visto mi hija, quien los plasma en sus dibujos. Conservo mensajes, fotos y vídeos —y también hay testigos de esos encuentros— de quienes yo llamo mis Hermanos Cósmicos. Pero ese es un tema que trataré más adelante.

Los Hermanos Cósmicos son seres de Luz físicos o espirituales que, sin importar el origen planetario o dimensional que tengan, coinciden en una misma filosofía de vida: el Amor.

Y esa es la razón por la que están aquí en este momento, ayudándonos y acompañándonos en este proceso de despertar planetario, razón también de esta prescripción de AMOR que es La medicina del alma.

En el anexo del final del libro (página 151) te relato mi experiencia con Gentic, un ser extraterrestre con cuerpo físico cuyo origen es un planeta llamado Arian (te recomiendo que leas dicha experiencia antes del capítulo «Vibración Zen», en la página 53, para una buena comprensión de ese capítulo).
Puedes hallarla también en el siguiente link: suzannepowell.blogspot.com.br/search?q=Gentic.
Y se encuentra recogida además en el libro *Conexión con el alma*, de Suzanne Powell, y una versión adaptada para la comprensión de niños en *¿Dónde está el cielo, mamá?*, de Mercedes Delgado.

A la humanidad

A veces creemos comprender todo lo que ocurre a nuestro alrededor, pero... ¿y si no es así?

¿Y si esa no es la realidad?

¿Y si lo que vemos a nuestro alrededor es solo una proyección falsa, algo que desde tiempos remotos han intentado (con éxito casi siempre) que creamos que es lo real y normal?

¿Qué es lo real?

¿Es acaso el hecho de que un día de veinticuatro horas nos parece que solo tiene ocho porque estamos con la cabeza sumergida en nuestros empleos, nuestras acciones cotidianas, nuestro consumismo, tiendas, centros comerciales, restaurantes y otros lugares de ocio cuidadosamente diseñados para distraernos? ¿Esa es la realidad? ¡¡No, NO LO CREO!!

Y ¿qué es lo ficticio? ¿A qué llamamos ficción?

¿Al hecho de que somos seres de Luz y Amor, o tal vez a la realidad de que existen formas de vida más allá de nuestra atmósfera?

¿Por qué pensamos (o nos inducen a pensar) que eso es una fantasía?

¿Por qué insisten en que NO abramos los ojos a la verdad... a la realidad?

¡La humanidad está cambiando!

¿Por qué nos suena eso a publicidad? ¿Por qué no admitir que eso que nos quieren disfrazar de ficción es la VERDADERA REALIDAD, y que la estamos viviendo AHORA?

¿Por qué no reconocer que nosotros somos la humanidad y que debemos abrirnos a ese despertar planetario y comenzar a vibrar en esa frecuencia de Amor incondicional hacia todo lo que nos rodea? De esa manera se establecería la conciencia universal que necesitamos en este espacio-tiempo para ayudar a nuestro planeta y a nosotros mismos en las diferentes dimensiones existentes en el espacio-tiempo universal.

El Amor es la clave. Es una herramienta
de fuerza inigualable que traspasa barreras, algunas
inimaginables para la mente humana.

Amar, solo tenemos que AMAR... Al entrar en ese canal de vibración nos sorprenderemos. Porque desde esa vibración percibimos con mayor claridad lo real y lo verdadero para poder diferenciarlo de lo falso y manipulado; de ese modo, todo será más fácil.

A la humanidad

¡Amando recordaremos!

Recordaremos quiénes somos, de dónde hemos venido, por qué y para qué. ¡Solo tenemos que AMAR! Amarnos a nosotros mismos y a todo lo que nos rodea.

> *El AMOR es la Medicina universal, es la Medicina del Alma, la que esta humanidad necesita para salir de la AMNESIA en que se encuentra, producto de un estado de hipnosis inducido. Día a día, y sin que nos demos cuenta, nos afecta, causando alteraciones graves a nivel físico, mental y espiritual.*

¡AMEMOS! ¡Es simple, es gratis y es maravilloso!

Volver a ser felices

Hace mucho tiempo, y desde una dimensión diferente, iniciamos un proyecto único, si lo podemos llamar así. Éramos felices, eterna y sumamente felices.

De repente surgió al unísono en las mentes de un gran grupo de nosotros una idea: «¿Y si probáramos a mantener la capacidad de ser felices, pero en circunstancias no tan favorables? ¿Seríamos capaces de hacerlo? ¿Podríamos mantener ese equilibrio de paz interior, fuerza magnética e irradiación eficaz en planos inferiores? ¿Podríamos conseguirlo?».

Alguien contestó:

—¡Oh, claro que podemos!

—Entonces iremos a aquel mundo o crearemos una dimensión idónea con la dualidad necesaria para poder experimentar esta nuestra realidad en otro plano.

Y nuestra realidad es QUE SOMOS FELICES.

Nuestra capacidad de ser felices

Porque somos capaces de vivir nuestra realidad

Nuestra realidad es que somos seres de Luz. Seres del más alto y sublime amor universal.

¡Sabemos AMAR!

Tenemos la capacidad de amarnos a nosotros mismos y de amar a otros. Sí.., a otros y no solo de esa forma física y terrenal, sabemos AMAR...

Amar, ese gran concepto de recibirlo todo sin esperar nada a cambio, porque sabemos que al dar a uno de nuestros iguales, a uno de nuestros hermanos, estaremos recibiendo nosotros mismos.

Amar todo y a todos los que nos rodean, sin importar que sean altos/bajos, gordos o delgados, blancos o negros, del sur o del norte, gregarios o solitarios, buenos o malos... Absolutamente a todos, sin excepción alguna.

¿Por qué?

Porque nosotros somos ellos, y ellos son nosotros.

Un mismo espíritu fragmentado, pero unido, que vive en diferentes formas, etapas y situaciones una experiencia humana.

¿Quién puede amarnos más que nosotros mismos...?

Solo nosotros mismos.

Amor incondicional

El Amor hacia nosotros mismos es incondicional:
incondicional a nuestras acciones,
incondicional a nuestras conductas,
incondicional a nuestros complejos,
incondicional a nuestros fracasos,
incondicional a nuestros éxitos.

Nos amamos a pesar de todo... y si lo pones en duda te invito a que te plantees la siguiente escena: cometes un crimen o delito, y el organismo que regula la justicia en el lugar en donde te encuentras te da la oportunidad de escoger cuál será tu sentencia. El veredicto es «CULPABLE» y te dan a escoger entre dos opciones:

- Opción A: indulto... Vivir.
- Opción B: condena... Pena de muerte.

Tú eliges la sentencia, sabiendo que eres culpable y que en ese lugar el crimen que cometiste se paga con la pena de muerte.

¿Cuál sería tu sentencia...? Recuerda que tú decides...

¿Optas por la condenación y, por tanto, por la «muerte», o por el indulto, que es la vida.

Yo te lo diré: VIVIRÁS porque escogerás el indulto, elegirás vivir, a pesar de tu culpabilidad.

¿Y sabes por qué?

Porque TE AMAS... Y como te amas, te perdonas.

Ahora bien, ¿y si es otra persona la que se encuentra en la misma situación?

Cometió un crimen cuya condena debería ser la muerte, solo que en este caso eres TÚ quien tiene que juzgarle (y no él a sí mismo).

¿El delito? Asesinato, violación, secuestro... Tal vez lo hizo bajo la influencia de alguna droga... pero lo hizo.

Ahora... ¿cuál será tu sentencia para él, sabiendo que es culpable, que no lo ha negado?

¿Qué sentencia le aplicarás? ¿La pena de muerte o el indulto que le permitirá vivir?

Tic tac, tic tac, tic tac...

Ja, ja, ja, ja...

Ahora dudas... y tu respuesta no es tan rápida y clara como cuando se trataba de ti.

Te ayudaré: es muy probable que le condenes a muerte.

Y yo pregunto: Pero, ¿por qué?

Tu respuesta: porque cometió un crimen.

P.: Pero... tú también estuviste en esa situación.

R.: Ah... pero era YO.

P.: ¿Y cuál es la diferencia entonces...?
R.: Que yo me amo, y por eso me perdono.
P.: Pero ¡cometiste un crimen!
R.: Sí, pero tengo derecho a una oportunidad de cambiar y tratar de hacer las cosas bien.
P.: Ya, pero... ¡mataste!
R.: Sí, lo sé, pero fue bajo la influencia del alcohol, de las drogas... No era yo en ese momento.

¡Ah...! Entonces reconoces que TÚ no eres el «malo», que no eres un asesino, sino que bajo una influencia externa a ti has cometido una acción reprochable, causando daños irreversibles a otros. Pero ese no eres tú, porque sabes que en el fondo eres bueno y tienes la capacidad y el derecho de cambiar y hacer las cosas de forma correcta, ¿verdad?

★★★

Ahora reflexiona, vuelve a pensar y hazte la siguiente pregunta: ¿Y por qué YO SÍ, y ÉL NO?

★★★

Recuerda que todos venimos de la misma Luz. Ahora en cuerpos diferentes, pero sigue siendo la misma Luz.

Tú eres ÉL y él eres TÚ.

Y por el simple hecho de que te amas a TI, también le amas a ÉL.

Ahora vuelve a evaluar los hechos otra vez y visualiza la escena.

Antes de dar tu veredicto, mírale con atención, con respeto y con amor. Trata de visualizar su interior, su esencia. Le verás asustado, horrorizado... Él no sabe cómo ni por qué hizo eso, no quería hacerlo, y ahora desea remediarlo, que todo sea como antes, que ese episodio no hubiera acontecido nunca... Quiere cambiar.

★★★

Ahora imagina que él es tu hermano gemelo.
Visualiza su interior, su esencia. Míralo. Siéntelo... Es tu hermano, igual a ti... Está solo, confundido, y tiene miedo.
Mantén la escena en tu mente.

★★★

A continuación regresemos a la imagen en la que fuiste tú el agresor, el que infringió la ley.
Mira tu interior, tu esencia, la respuesta de tu ser al darte cuenta del crimen que acabas de cometer.
Dime... ¿qué ves?
Puedo asegurarte que estás viendo la misma reacción que viste en él.

★★★

Te verás asustado, horrorizado... sin saber cómo ni por qué hiciste eso. No querías hacerlo, y ahora deseas remediarlo, estás solo, confundido y tienes miedo, quieres que todo sea como antes, que ese episodio no hubiera acontecido nunca... Quieres cambiar...

★★★

Es la misma reacción, ¿verdad?
Te diré por qué: PORQUE VUESTRA ESENCIA DIVINA ES LA MISMA.
¿Y qué sientes hacia ti? Compasión y Amor a pesar de todo.
¿Lo ves? Eres un ser de Luz, capaz de amar sobre todas las cosas, capaz de perdonar sobre todas las cosas.
¿Y sabes por qué te das cuenta de eso ahora?
Porque estás sintiendo, pensando, desde tu realidad, desde tu esencia, desde tu Ser.
¡¡¡Eres un ser de Luz!!!
Y como luz, eres capaz de hacer que la oscuridad que pueda presentarse en un momento determinado de esta realidad experimental desaparezca de tu presencia.
Esa es la consciencia del Ser.
Debes estar presente, en tu esencia, mantenerte en conocimiento de quién eres, y solo así serás realmente consciente en todo momento de la verdadera realidad.
Y cuando eres consciente de esa realidad, Amas.
Y cuando Amas, eres Feliz. Realmente Feliz.

Razones para amar

1. Naciste para amar

Todos decidimos en un momento determinado venir a esta tierra a experimentar.

Tú, cuando decidiste volver, fue por una causa que puede tener relación directamente contigo o con otros (ayudar, ayudarte, ayudarnos...), en fin, evolucionar. Pero todas esas causas tienen una razón de ser, todas ellas; ¿adivinas? *El Amor*.

Todo lo que hacemos, lo hacemos por Amor.

Nacimos y existimos, aquí y ahora, solo por Amor.

2. Gratitud

Cuando recibimos ayuda de alguien, o simplemente la mirada tierna de uno de nuestros hijos, cuando disfrutamos de un amanecer o un atardecer, cuando nos sentimos plenos por nuestros éxitos... todo ello eleva nuestro nivel de vibración, y la energía que se está elevando en ese momento es el Amor.

Cuando Amamos, sentimos gratitud y cuando sentimos gratitud, Amamos.

3. Sanidad

Cuando hay amor en tu vida, simplemente no hay espacio para la enfermedad o el conflicto interno.

La salud está proporcionalmente unida a una alteración sensorial y real que nuestro subconsciente está tratando de exteriorizar.

Si nos mantenemos despiertos a nuestra realidad, nos daremos cuenta de que estamos utilizando conscientemente en mayor proporción los estados e informaciones grabados en nuestro subconsciente. Y como nuestro subconsciente está trabajando ahora con nuestra mente consciente, para ello no habrá más espacio y consciencia que el Amor.

Te darás cuenta de que eres uno con el universo, y el universo es perfecto.

Así como los pensamientos negativos y densos son causantes de enfermedades a largo o corto plazo, el Amor irradia ondas vibratorias sublimes que impiden que exista un espacio para la enfermedad.

En un ser equilibrado en cuerpo, mente y espíritu no hay cabida para la enfermedad, a menos que la hayas incluido desde un inicio y desde otra dimensión en tu plan de vida para aprender algo de ella —simplemente porque escogiste esa opción de aprendizaje—. En ese caso deberás aceptarla, y más aún, dar las gracias por ella, y verás como la magia del Amor actúa mostrándote el porqué de la enfermedad y guiándote a la enseñanza que trae con ella. Llegarás a un punto de comprensión y aceptación en el cual la enfermedad ya no tendrá más razón de ser, por lo que a través de un proceso de amor será transmutada y quedarás libre de ella.

¡Recuerda!: cuando Amas, tu mente, tu alma y tu cuerpo están en sintonía y ese estado no da lugar a enfermedades oportunistas.

4. Aprendizaje

Estamos aquí de paso. Los motivos de nuestra existencia en este mundo tridimensional aquí y ahora pueden variar, y de hecho lo hacen de una persona a otra, pero hay algo en común para todos, y es que venimos a aprender. Independientemente del grado de evolución que hayamos alcanzado en vidas pasadas e incluso en esta misma, siempre estaremos aprendiendo en nuestro proceso de evolución y los seres que nos rodean son almas afines que han decidido coincidir con nosotros, muchos de ellos como maestros disfrazados, para ayudarnos a evolucionar. Ellos enriquecen nuestro aprendizaje y por tanto debemos amarlos y agradecerles los servicios prestados en nuestro ciclo de vida.

No siempre reconocemos a esos maestros, por eso digo que van disfrazados. A veces son las personas que menos imaginamos. Puede ser el vecino irritante, el alumno hiperactivo e irrespetuoso, el amigo irresponsable, el hijo que te saca de tus casillas, la expareja que según tú te hace la vida imposible, el hermano que utiliza y no respeta tus cosas, el profesor que crees que tiene un problema personal contigo, incluso esos amigos poco apreciados de tus hijos adolescentes o los de tu pareja actual. Todos ellos pueden ser maestros disfrazados que han aparecido en tu vida para enseñarte, para mostrarte que aún necesitas aprender más y que aún no has llegado a la maestría en ese campo.

Si los amamos en vez de dejarnos llevar por la rabia, el ego, el rencor, la ira y la desesperación que sus acciones nos provocan, esa actitud de amor nos mantendrá en nuestro centro, en conexión con nuestro ṢER, y esto nos permitirá ver con claridad qué es lo que debemos aprender de esos maestros.

Están aquí entre otras cosas para enseñarnos. Por tanto, debemos agradecerles, amarlos y aprender la lección para transmutar, trascender y continuar nuestra evolución sin tareas pendientes.

Proceso evolutivo y origen

Mensaje de nuestros Hermanos Cósmicos
(recibido el 21 de agosto de 2015)

¡Aprende! La vida es evolución. Evolución es aprender, poner en práctica conocimientos adquiridos, vivir conforme a ellos, utilizándolos de manera natural para hacer el bien, a pesar de que no siempre es así en algunas civilizaciones.

Aprender es evolucionar.

Mientras aprendes, enseñas. Tú aprendes de unos y otros aprenden de ti. *Evolución constante*, así es nuestro universo, así es nuestra realidad.

La evolución es el motivo, la respuesta a muchas preguntas realizadas por la humanidad.

Es necesario comprender ese proceso, ya que es más fácil evolucionar hacia la dirección correcta cuando sabes quién eres y lo que debes hacer, a pesar de que no siempre es así.

Hay circunstancias en las que tener demasiadas respuestas o demasiada información puede intervenir en tu proceso de evolución.

Debes fluir, mantenerte en el sendero que sientas en tu corazón que es el correcto y que será uno de los caminos que te llevarán al origen.

El origen

El origen, donde todo comienza y donde todo termina para iniciarse nuevamente.

Partimos del origen para vivir experiencias que nos hagan prosperar, reaccionar, comprender, valorar, rechazar, abrazar, experiencias que enriquecerán nuestro camino evolutivo y que nos harán comprender desde diferentes puntos de vista la realidad de nuestro amplio universo y de nuestro propio ser.

Una vez recorrido el sendero evolutivo, volvemos a casa, al inicio, para recorrer otros senderos y continuar evolucionando.

Vibraciones Zen

Después de todas las experiencias vividas aquellas dos semanas en España durante mi formación Zen, llegó la hora de regresar a Brasil. Sin duda mi vida había cambiado. Cuando estaba en el aeropuerto, constaté que mi percepción ante casi todo era diferente. Me resultaba extraño, porque yo continuaba estando en el mismo lugar, en la sala de un aeropuerto frente a la puerta 45 para tomar un vuelo de regreso a Brasilia, pero ahora era una experiencia distinta.

Os diré por qué: mientras iba caminando por los pasillos del aeropuerto, veía a las personas de forma diferente –eran mis hermanos y lo sentía así; los veía con amor, no eran unos desconocidos– y me sentía como cuando llegas a un país de turismo con un grupo de excursionistas: cada uno va a lo suyo, a su ritmo, en su mundo, pero todos participando de la misma excursión.

Imagino que eso es parte de la evolución, cada uno va a su ritmo, está pero no está. Todos nos encontramos en el mismo planeta, en una gran excursión experimental, por... y para alguna misión.

Miraba a las personas que había a un lado y al otro y me maravillaba porque estaba reconociendo el proceso. Lo que está sucediendo a cada momento es un gran juego y solo tenemos que recordar y darnos cuenta de dónde estamos y por qué. De dónde venimos y para qué. Y quiénes somos.

Las personas iban distraídas en sus mundos, verdaderos o no, enganchadas a los teléfonos móviles, los ordenadores... Unos leían libros, otros miraban los escaparates, cada uno en la realidad en que había decidido estar. Algunos dormían en los asientos, mientras otros caminaban a un ritmo pausado y relajado. Parecía que no les afectaba el factor tiempo, no se ven agobiados, pendientes de las noticias, el teléfono móvil o cualquier otra cosa de novedad manipuladora que estuviera afectando en ese momento al resto del mundo. Yo ahora me sentía parte de ese grupo. Estaba relajada, tranquila, feliz.

Después de haber sido una compradora compulsiva, ahora veía los escaparates de una forma diferente; eran solo objetos, objetos vanos para acumular en mi armario... y que no necesitaba. Veía la sala de fumadores y pensaba: «Nos estamos maltratando, como dijo Gentic». Después vi a unas chicas con camisetas de la Cruz Roja y pensé: «Tengo que hacer caridad, pero consciente, como me enseñaron Suzanne y todo el equipo de la Fundación Zen con Amor». Cuando me encontré con la máquina del punto SOS con el desfibrilador, pensé: «Soy médico, pero ahora tengo una visión real de lo que es la vida, la salud, la enfermedad y la muerte... y además dispongo de una herramienta que me ayudará a ser más que una doctora que trata enfermedades. Ahora soy un ser que conoce sus capacidades y que con Amor y humildad las usará para ayudar a todo el que esté cerca de mí y lo necesite».

Sentía que podía ayudar, ayudar de verdad y no simplemente firmar una receta y dictar algunas pautas protocolizadas por el sistema. Ahora sabía que existía una causa-efecto más allá de lo que ha podido demostrar la ciencia, un conocimiento y unas capacidades que escapan a nuestra mente científica, pensante y manipulable.

Durante esas dos semanas había confirmado que existían otras dimensiones paralelas a la nuestra y comenzaba a comprender cómo podían afectar directamente a nuestros campos magnéticos, presentándose o materializándose en el plano físico como enfermedades comunes, crónicas, patologías oncológicas o trastornos mentales, sociales y emocionales... Era así, era real, y ahora yo empezaba a descubrir esa realidad.

Durante esas dos semanas en España y después de mi primera experiencia de contacto con Gentic y posteriormente con otros seres de diferente nivel evolutivo en el cosmos, estuve casi todo el tiempo acompañada por personas a las que no les resultaba raro lo que me estaba sucediendo; les parecía algo muy bonito y especial y me transmitían seguridad y confianza en el proceso que yo misma estaba viviendo. Para mí la compañía de Cristina Casanova en Sevilla y de Suzanne en Madrid enriqueció a escalas indescriptibles mi proceso de despertar a una consciencia universal de Amor incondicional.

Cristina me tomó de la mano durante toda una semana para que supiera que todo aquello era real y me insistió en que el pilar de todo ese proceso era el Amor y la Humildad.

Los días con Suzanne fueron mágicos; así estuviera bromeando, en cada una de sus palabras había una gran enseñanza, un aprendizaje multidimensional. Tiene una manera fresca y natural de hacerte ver la realidad más allá de esta dimensión, de una forma tan sencilla como solo ella puede hacerlo. Con su mirada te penetra el alma, mirando a tu verdadero Ser, y le dice con su sonrisa fresca: «¡Eh, grandullón!, es hora de despertar». Me sentí afortunada de poder compartir con ella el proceso que estaba iniciando y poder aprender y aceptar con naturalidad, frescura, responsabilidad y Amor incondicional la nueva realidad a la que estaba despertando.

El amor fraternal que recibí de todo el equipo Zen me enseñó que no estaba sola, que no era un bicho raro; me hicieron sentir parte de una gran familia. Amor... Amor y cariño sincero fue lo que recibí de ellos en todo momento y es por eso por lo que desde lo más profundo de mi alma os doy las gracias a todos, por cubrirme con vuestras alas para que no me sintiera sola ni desprotegida en ese proceso que se estaba iniciando.

Mientras esperaba en el aeropuerto me di cuenta de que ya no me sentía sola. Normalmente tenía terror a viajar sola, a desplazarme de un lugar a otro sin compañía. Evitaba mirar a las personas a los ojos y simplemente quería pasar desapercibida y que el trayecto transcurriese rápido, para poder estar nuevamente acompañada por personas que conociera. Se podría decir que «era tímida».

Precisamente veinticuatro horas antes, recuerdo una conversación con Miguel Almansa, un compañero Zen, quien me dijo que la timidez era miedo a lo desconocido, regalándome así otra gran enseñanza.

Pero ahora para mí todo había cambiado, sabía donde estaba, comenzaba a reconocer el juego, miraba la realidad desde la consciencia en dirección a esta dimensión y más allá de ella. Y la «re-conocía». Sabía dentro de mí cuál era la verdadera realidad. Era algo mágico, reconocía a las personas que iban y venían por aquel aeropuerto, como una proyección de todos los que vamos y venimos por esta experiencia de vida. Cada uno a su ritmo, cada uno en su evolución, pero para mí en ese momento lo más extraordinario fue descubrir que me reconocía a mí misma. Sabía quién era yo, que no estaba aquí por casualidad, que yo decidí estar en este juego y vivir esta experiencia humana de vida, con un propósito, con un objetivo. Mi Yo interior, mi esencia divina, estaba allí, junto a la de tantos otros semejantes a mí.

Yo me veía, estaba presente y lo mejor es que era consciente de ello, estaba parada en medio de aquel escenario y era parte del elenco. En mi evolución era el personaje protagonista de la historia que escogí vivir, del papel que decidí representar en el juego de la vida. En ese momento me di cuenta de que yo no era el personaje, sino la actriz, la esencia.

Estuve equivocada todo el tiempo creyendo ser un insignificante puntito borroso en medio de un gran escenario que me arrollaba, cuando en realidad era la protagonista de mi historia y, a la vez, la compañera de muchos otros que decidieron venir a jugar y representar diferentes papeles para llevar a cabo un gran plan.

Ya no tenía miedo, ya no me sentía sola. Recordaba aquel medallón de mariposas y pensaba en mis hermanos cósmicos, me sentía acompañada por ellos y por otros, que estaban sincronizados conmigo desde diferentes planos, tanto en lo físico como en lo espiritual.

★★★

Cuando subí al avión, me di cuenta de que me habían asignado el segundo asiento de la fila del centro (12 F) y pensé por un instante: «Uf... No tengo ventanilla, no podré mirar por la ventana por si veo a Gentic otra vez».

Al sentarme, después de guardar la maleta de mano encima del asiento, me dispuse a colocar mi bolso debajo, pero antes, saqué de él una botella de agua y mi collarín acolchado. Mientras lo hacía miré dentro del bolso y allí estaba «mi regalo», el libro *Atrévete a ser tu maestro*, de Suzanne Powell. Lo había comprado el segundo día del primer nivel del curso Zen y no lo había leído aún porque en la primera semana estaba demasiado fascinada con todo lo que me estaba sucediendo y la segunda estuve con Suzanne. Ella misma me había pedido que no lo leyera hasta estar en el avión de vuelta a casa. Yo no sabía por qué, pero ya en las primeras páginas lo comprendí.

Durante esas semanas estuve aprendiendo, viviendo atenta e intensamente cada lección de vida de la mano de Suzanne, lecciones sobre esta dimensión de materia física en tres dimensiones y sobre la dimensión de lo no físico, de lo espiritual, lo universal y lo cósmico.

Suzanne me dejaba ver, con la mayor naturalidad, que no tenía que esforzarme para convivir con las diferentes dimensiones, porque simplemente estaban allí, paralelas a esta dimensión física, y que era muy fácil entrar en ellas cuando yo quisiera. Que podía usar todas las herramientas y conocimientos que tenía en esa otra dimensión para crear realidades en esta. Que los seres de esa otra dimensión también están presentes en esta y que todo esto yo ya lo sabía y solo estaba recordándolo. Ella era un ejemplo viviente de todo esto, que me transmitía con la mayor naturalidad. No se limitaba a lo físico, a esta dimensión. Viví día a día lo que ella enseñaba, viendo cómo lo vivía también en todos sus actos. Ella siempre habla de Amor incondicional al prójimo y pude comprobar que realmente vive y vibra en constante amor al prójimo. Eso es algo que no se puede expresar con palabras, simplemente hay que vivirlo. Transmite paz y sabiduría incluso en sus silencios, y todo en ella gira en torno al Amor; habla de humildad y de abundancia y vive cada día humildemente con toda la abundancia que le proporciona el universo.

> *El universo lo organiza todo y nosotros somos uno con el universo.*

Y como el universo lo organiza todo, ahora me tocaba leer y recibir más información cósmica a través de un libro que considero un regalo para la humanidad, libro escrito por un Ser de Luz con el que tuve el privilegio de convivir unos días y de compartir increíbles experiencias a nivel físico e interdimensional. Durante esos días le hacía muchas preguntas a Suzanne; algunas de ellas recibían respuestas inmediatas y para otras me decía:

—Ya lo comprenderás cuando leas el libro, pero debes leerlo durante tu viaje de regreso.

Eso fue lo que hice y, efectivamente, allí estaban las respuestas. Estaba maravillada cuando comencé a leer, porque Suzanne hablaba de experiencias que yo había vivido, que no eran indiferentes para mí. No era como leer un libro cualquiera y pensar: «¿Esto es una historia? ¿Un cuento? ¿Será verdad?». ¡No! No era lo mismo, yo sabía que era real, porque la conocía, había experimentado junto a ella esa fusión, esa realidad cósmica que engloba la dimensión física con la espiritual: la multidimensionalidad. Y como el universo lo organiza y lo coloca todo y a todos en el momento y en el lugar adecuados donde deben estar, para que sea lo que tiene que ser, siempre será algo bueno, porque en realidad ¡todo está bien donde y como está!

Mientras leía el libro, lo disfrutaba todo mi ser. Vibraba y resonaba con aquello que estaba leyendo. Me encontraba, y así lo sentía, cercana a mis hermanos cósmicos y era parte de ese gran Plan Universal, sin perder la perspectiva de mí misma como Ser en evolución, viviendo todo aquello con humildad y un inmenso Amor que brotaba desde mi interior hacia toda la humanidad.

De repente tuve una sensación conocida que me afectaba de manera física, neurológica y mental y que había comenzado a experimentar regularmente. Una de las cosas que aprendí aquellos días fue la de identificar aquella sensación como una llamada interdimensional de tus guías, maestros o hermanos de otro nivel, sensación que tu Ser, al igual que tu cuerpo, reconoce y a cuya llamada responde.

Al volver a tener aquella sensación reconocí la llamada interdimensional, así que cerré el libro y entré en meditación; simplemente me dejé guiar.

Sentada en el segundo asiento de la segunda fila del vuelo TAP 59, después de terminar la proyección y aún en estado profundo de meditación, me parecía oír con total claridad la voz de Suzanne. Como en medio de una conferencia, la escuchaba con su voz dulce, armónica, llena de frescura y Amor incondicional, compartiendo sus enseñanzas. De repente comencé a ver cómo se proyectaban delante de mí unas páginas transparentes que parecían de cristal. Presté atención y comencé a leerlas: en ellas estaba escrito el mensaje cósmico y universal que Suzanne quería transmitirnos, pero súbitamente las páginas comenzaron a pasar a una velocidad que me impedía continuar leyéndolas. Intuí que era un aviso de que debía regresar a la tercera dimensión por completo y continuar leyendo las enseñanzas del libro de Suzanne. Tenía que seguir estudiando, y así lo hice.

Respiré con consciencia para salir por completo de mi meditación y reanudé la lectura.

Retomé el libro en donde me había quedado, una sección con el título «Las creencias». Allí Suzanne hablaba de aquellas creencias que traemos con nosotros, que nos imponen y que muchas veces nosotros mismos hemos puesto en nuestro programa para aprender de ellas... Y de repente allí estaba mi enseñanza cósmica, en la anécdota del jamón ibérico que ella había comido siendo vegetariana. El universo me seguía confirmando que todo está sincronizado, que no existen las casualidades y que todo está bien.

Yo me había hecho vegetariana, hacía aproximadamente un año, gracias a mi hija, Lía, que me recordaba en todo momento que los animales eran seres vivos y que no debíamos hacerles daño. Incluso se ponía a llorar cuando le daban carne vegetal picada preparada en salsa, porque pensaba que era carne de ternera, y no la comía. También gracias a mi madre. Una noche estaba sentada en el sofá mirando la tele, mientras yo me encontraba en la cocina preparándole un vaso de leche a Lía y dándole vueltas a varias preguntas en mi cabeza: «¿Cómo puedo hacer para dejar de comer carne? No es una decisión fácil... ¿Cómo lo hago? ¡Es difícil! Y principalmente cómo se lo voy a transmitir a mi madre, porque ella es quien prepara la comida en casa». Mientras estaba sumida en todas esas cuestiones en mi mente, sin decir una palabra, de repente y como por arte de magia, mi madre se giró y me dijo:

—Blany, ¿sabes qué? A partir de hoy no voy a comer carne.

La miré congelada por lo que estaba ocurriendo, y le dije:
—¿Sabes qué, mami? Yo tampoco.

Desde entonces no volvimos a comer ningún tipo de carne ni de productos que la contengan. Me informé en cuanto a la alimentación vegetariana y como médico me aseguré de que tuviéramos en las comidas los aportes necesarios de proteínas de origen vegetal, mientras que las de origen animal solo procedían de lácteos y de huevos. De ese modo evitamos sufrir algún déficit en nuestra alimentación.

Desde ese momento fui muy estricta con lo que ingería, y debo admitir que los beneficios fueron impresionantes.

En el avión hablé con una de las azafatas porque había olvidado solicitar el menú vegetariano con antelación, como siempre lo hacía en los vuelos. Dos días antes, durante el almuerzo, Suzanne me preguntó si lo había encargado y yo le respondí que sí, pero en realidad la reserva que había hecho fue para el viaje de ida y no para el de vuelta. Cuando lo solicité a la azafata, me dijo que ya no se podía hacer nada, así que cuando sirvieron el almuerzo pensé: «¡Qué horror! Me voy a quedar sin comer». El menú que se podía escoger era pollo o pescado, yo les dije que me daba igual, y me sirvieron pescado, así que me comí la guarnición, la ensalada de patatas cocidas con verduras y el pan integral. Sentía que me molestaba el olor del pescado, no me sentía cómoda, y esa situación me estaba sacando de mi estado de paz, tranquilidad y vibración armónica que había mantenido durante todo el viaje.

Al leer la anécdota de Suzanne en el restaurante con el plato de jamón y el resto del capítulo del libro, lo comprendí: allí estaba mi enseñanza, no debía mantenerme atada a mitos, creencias e inflexibilidades. No era que podía dejar de ser vegetariana, sino que no debía permitir que eso me sacara de mi centro y vibración armónica.

Estamos aquí para experimentar sin aferrarnos a dogmas ni creencias establecidas, ni siquiera aquellas que son un bien para nosotros.

SUZANNE POWELL,
Atrévete a ser tu Maestro

Como ahora era consciente y sabía que podemos cocrear, después de la lección aprendida y de leer los capítulos siguientes, me dispuse a cocrear mi cena en el avión. Así que visualicé y verbalicé que tendría una cena rica y agradable a pesar de que no tenía reservado el menú vegetariano.

¡Adivinad qué me llevaron para cenar!

Mi cena:
- Una naranja cortada en rodajas.
- Dos enormes ciruelas secas y muy ricas.
- Dos lonchas de queso, del cual solo tuve que separar una loncha de jamón de pavo (habría preferido tofu, pero para ser la primera vez que cocreo mi cena conscientemente, el queso estaba bien).
- Pan integral.
- Zumo de naranja.
- Un refrescante vaso de agua mineral.

¡Ah! También venía con una sombrillita de chocolate que guardé discretamente en el bolso para mi pequeña Lía, que estaría esperándome en el aeropuerto.

Recordando

En el momento de escribir estas líneas hace exactamente dos meses y dos semanas desde mi primera clase Zen. Digo mi primera clase y no la realización del curso Zen porque considero que estoy ahora en una escuela en la que continúo aprendiendo y recordando cada día.

Las experiencias que he tenido desde aquel viaje a Sevilla han marcado mi vida y me han dado un punto de vista de la realidad muy diferente al que tenía, tanto en el ámbito personal como en el científico y el espiritual. Ahora veo el mundo, nunca mejor dicho, «con otros ojos».

Y digo que mi vida ha cambiado porque es así, ha cambiado en todos los aspectos. Ahora me reconozco conscientemente, porque veo en mí a una persona que siempre quise ser y que buscaba desesperadamente en cualquier otra parte excepto dentro de mí. Creía que debía buscar algo diferente, a alguien que me completara, alguien que mereciera mi respeto, mi admiración, mi amor... y allí era donde estaba, en mi interior: ese alguien era yo misma.

He aprendido a mirar hacia dentro, a mi interior, y me he sorprendido al encontrarme e ir conociéndome, «re-encontrándome» poco a poco. Es increíble la sensación de plenitud que se puede llegar a sentir al conectarte contigo mismo. Es como si vivieras una relación en la cual quieres disfrutar cada momento en esa compañía y buscas el tiempo para hacerlo porque te hace sentir plena, completa y feliz, y en consecuencia vibras en un Amor libre de complejos, de prejuicios, de egoísmos, vibras en un AMOR absoluto e incondicional que brota desde el mismo centro de tu Ser.

Lo mejor de todo esto es que no termina aquí. Al principio puedes pensar que es algo egoísta sentir tanto amor hacia ti mismo, pero como estás despertando te das cuenta de que tú eres un ser inmenso, pero a la vez eres solo una parte minúscula de un ser o fuente de mayor intensidad aún y que los demás también son partes de esa misma fuente de Luz al igual que tú. No puedes dividir o individualizar la Luz, así que todos somos esa luz...

No hay un espacio tuyo o mío, solo HAY ESPACIO.

No existe un yo o un tú, solo EXISTE un gran NOSOTROS que parece plural, pero que en realidad es SINGULAR (nosotros = YO; nosotros = TÚ; YO = TÚ; TÚ = YO).

¡Lo comprendí!

Cuando me Amo, te estoy amando; cuando te amo, me estoy amando.

Cuando te ayudo, me ayudo a mí misma y cuando me ayudo a mí misma, también te estoy ayudando a ti.

Recordando

Esto funciona a escalas impresionantes cuando lo hacemos desde el Amor incondicional, sin esperar reconocimientos, sin esperar reciprocidad, sin esperar resultados, sin esperar nada de nada. Solo por el simple hecho de amar.

Cuando sientes el Amor incondicional, nada podrá borrar esa sensación de ti porque es inconfundible, nada se compara a ello, es una fuerza mayor que trasciende fronteras interdimensionales.

¿Existe una fuerza mayor que el Amor? Sí, existe.

Es el AMOR INCONDICIONAL.

Pareciera que el ser humano solo es capaz de sentir Amor incondicional hacia sus hijos, aunque existen excepciones. Yo diría que en general a veces el ser humano solo es capaz de sentir Amor incondicional hacia sí mismo, pero cuando te das cuenta que tú mismo eres todo lo que te rodea y que todos y todo cuanto te rodea eres TÚ mismo en esencia, logras vibrar en ese Amor incondicional hacia todo y todos CONSCIENTEMENTE y expandir ese amor desde tu centro como una gran explosión de polvo cósmico y luminosas estrellas que emanan de tu corazón y van hacia la inmensidad del universo, arropando y cubriendo de amor todo cuanto encuentra a su paso... cuando eso ocurre, se produce el milagro. Entonces estarás totalmente despierto y comenzarás a recordar tu realidad y tu origen. Sin que se cierre el telón te darás cuenta de que la obra de teatro para ti terminó y que solo serás parte de ella cuando quieras serlo, pero sabiendo ya que la obra de teatro no es tu realidad, sino solo eso, una representación más. Entonces comenzarás a reconocer a tus compañeros de función, a los diferentes actores, a quienes están realmente detrás de cada personaje —actores en esta obra como tú, colegas de otros escenarios y otras obras pasadas, unas más antiguas que otras.

Al recordar y ser consciente de quién soy, de quién eres, entramos en un proceso de reconocimiento y resonancia con quienes nos acompañan y están cerca de nosotros, a veces a pocos metros, en tu propia habitación o en la habitación contigua, o justo detrás de ti en el pasillo del supermercado, o enfrente de tu casa; puede ser el señor que limpia tu calle o tu propia vecina que te brinda una agradable sonrisa cuando te la encuentras cada mañana, o el paciente que entra en tu consulta, la amiga de una amiga que te espera en la puerta de la estación sin conocerte...

En otras ocasiones no están a unos metros, pero siguen estando cerca, tal vez a tan solo unos cientos de kilómetros entre una ciudad y otra, o a unos pocos miles de kilómetros que separan el continente americano del europeo por ejemplo, pero sabes que esos kilómetros existen solo entre los dos continentes y no entre esos seres queridos que te acompañan y tú. Y si hablamos de seres que están en otras dimensiones u otros mundos... Créeme, coexisten con nosotros y están más cerca de lo que piensas.

Volviendo a ese sentimiento inigualable que fluye desde tu interior cuando te reencuentras a ti mismo, te diré que no es más que experimentar de manera consciente ese Amor incondicional que sientes, que nace de ti y que vibra con tanta intensidad que en ocasiones ya no sabes si estás sintiendo amor o simplemente ERES AMOR. Te expandes y te expandes en proporciones incalculables fluyendo y amando e irradiando ese amor, esa fuerza, esa energía, esa esencia a todo cuanto te rodea sin importar el lugar o la dimensión en que estén, sin importar la distancia, ya sea pocos metros, cientos de kilómetros o miles de años luz, porque estáis cerca, estáis presentes, estáis fluyendo, estáis en resonancia... Estáis Amando.

Estamos amando, curando, arreglando desastres y errores que quizás ya hemos cometido en otros tiempos —y tal vez hemos vuelto para asegurarnos de que no volvamos a cometerlos.

Es posible que no necesitemos arreglar nada ahora, sino más bien evitar un desastre que fue pero que ya no es, o que será pero puede que ya no sea más, dependiendo del tiempo y la dimensión desde donde lo mires.

Me explico: imagínate que cometimos un error y estuvimos a punto de la autodestrucción o tal vez ya nos autodestruimos en otro tiempo... Pero como somos seres inmortales aquí estamos, por lo que es probable que ya lo hayamos arreglado. Sin embargo...

Si hubiéramos vibrado en Amor incondicional, no habríamos llegado a ese punto crítico de destrucción física. Es probable que el motivo de estar aquí otra vez en esta obra de teatro no sea esperar a que lleguemos a ese punto de autodestrucción para arreglarlo, porque sabemos ya que podemos hacerlo, puesto que estamos aquí, sino más bien que seamos conscientes de quiénes somos para evitar llegar a ese punto. Eso sería ver la función sabiendo quiénes somos y redirigiéndola para lograr un final feliz y volver a casa con la satisfacción de haber aprendido la lección, haber aprendido de los diferentes personajes representados y de haber completado con éxito nuestra misión, sea la que sea pero siendo conscientes de quiénes somos y sin dejar de vibrar en esa esencia de Amor incondicional, que nos marca el camino de regreso a casa.

El arte de la medicina y el milagro Zen

La mañana del 18 de agosto de 2015, al encender el ordenador en mi consulta, se abrió automáticamente mi perfil de Facebook, que había dejado sin cerrar el día anterior. Lo primero que vi fue la publicación del doctor Jorge Asjana, vicerrector de la Universidad Autónoma de Santo Domingo, en la que felicitaba a todos sus colegas por el Día del Médico en la República Dominicana. Esa felicitación iba acompañada de una fotografía en la que se veía a tres cirujanos realizando una intervención y, al lado de uno de ellos, quien la dirigía, se apreciaba a una cuarta persona de aspecto angelical con una apariencia que podríamos asignar a Jesucristo, que tocaba el hombro de aquel médico y guiaba su mano. Aquella imagen irradiaba Amor, y me hizo recordar por qué había decidido estudiar medicina. Recordé aquel deseo de ayudar que sentía desde niña, llámale vocación o simplemente amor al prójimo.

Aquella foto me hizo pensar en ese algo divino que todos tenemos dentro y que en algún momento aflora y nos une en solidaridad y amor.

Ese Día del Médico en mi país natal, compartí mi experiencia con la medicina y el Zen a través de un blog y ahora también quiero compartirla aquí contigo.

Soy médico, graduada en Medicina general y especializada en Medicina deportiva, como ya cité al inicio del libro. Con más de diez años de experiencia en medicina convencional, siempre me sentí muy orgullosa de ello ya que era el sueño que tenía desde niña: ser doctora y ayudar a las personas.

Recuerdo que de niña decía: «Quiero ser una gran cirujana, porque así podré cortar el problema de raíz sin depender de que el paciente tome sus medicamentos o no» (bonita utopía). Pero al crecer y estudiar la ciencia de la medicina, me di cuenta de que no era como yo pensaba y que no siempre podría resolver el problema de raíz, ni siquiera con la cirugía.

Recuerdo que mi profesor de Ética médica, el doctor Tito Suero Portorreal, decía:

—Hay casos en medicina que la ciencia sola no puede explicar ni resolver, casos que no tienen ni pies ni cabeza para nosotros los galenos, y debemos identificarlos y reconocer que no podemos hacer nada y que la respuesta está en otra parte.

Yo no sé qué pensaron mis compañeros, nadie se cuestionó nada, o por lo menos no en voz alta; simplemente lo aceptamos, lo dimos por hecho y se supone que esa era la reacción normal que debíamos tener. Pero sí recuerdo la enorme frustración que sentí. No te puedes imaginar...

Pensé que no era posible que un médico no pudiera resolver cualquier problema que afectase a la salud de su paciente: «Pero para eso estamos estudiando día y noche y la ciencia sigue avanzando, para eso somos los todopoderosos, los semidioses en materia de enfermedad», solíamos bromear en la explanada de la facultad.

Es posible que ahora mismo te parezca gracioso —a mí también me ocurre—, pero para mí en aquel entonces —solo era una joven de dieciocho años de edad que acababa de comenzar la carrera de medicina, con unas ganas inmensas de sanar y de ayudar—, me pareció lo más frustrante que había vivido hasta entonces. Y esa frustración fue en aumento cuando a lo largo de mi ejercicio como médico me iba encontrando con esos casos inexplicables o que simplemente no respondían al tratamiento convencional, porque como bien había dicho mi profesor, la solución al origen de esos problemas no estaba a nuestro alcance.

Y cuánta razón tenía mi querido profesor, pero solo en parte, porque es cierto que la medicina como ciencia no puede explicar por sí sola el origen de algunas enfermedades o alteraciones del organismo humano y por ende es incapaz de resolverlas, aunque las explique teóricamente, y los médicos lo sabemos, de ahí el viejo refrán que utilizamos: «En medicina dos por dos no siempre es igual a cuatro».

Por eso digo que mi profesor tenía razón en parte. Es cierto que hay alteraciones y dolencias que no podemos resolver solo con ayuda de la ciencia. Es cierto que la respuesta está en otra parte. Es cierto que debemos ser lo suficientemente profesionales y admitir las limitaciones de nuestra mente científica. Lo que NO ES CIERTO es que no podemos hacer nada al respecto. En eso él no tenía razón, porque sí PODEMOS.

Recuerdo un día cuando mi hija, Lía, con cuatro años recién cumplidos, me dijo mientras le curaba una pequeña herida en la rodilla que se hizo montando en bici:

—Mamá, ya no me duele porque me estás curando con mucho amor.

Yo le di un beso y continué limpiando la herida. Cuando terminé, se quedó mirándome y me preguntó:

—Mamá, tu eres enfermera, igual que Vivania («Vivania» es como llama a Elivania, una enfermera y amiga que trabaja conmigo y que le había curado en otra ocasión por la misma causa).

Yo le respondí:

—No, amor, mamá es médico y Elivania es enfermera, no es lo mismo.

Ella se quedó pensativa y después me dijo:

—Pero, mamá, ¿tú ayudas a las personas con amor, para que estén bien?

—Claro que sí, cariño.

Y ella simplemente me miró y me dijo:

—Entonces, yo no veo cuál es la diferencia —y a continuación dio media vuelta y se marchó a jugar sin esperar respuesta y dejándome una gran enseñanza.

Los médicos hemos hecho un voto de servicio, de ayudar a los demás con amor, de brindarles bienestar favoreciendo la conservación o la recuperación de su salud, pero eso no es un don que nos pertenece a nosotros como grupo especial. Se trata de algo que puede hacer cualquier ser humano que ame a su prójimo; no es un privilegio solo de unos cuantos, es algo que está al alcance de todos y que yo he descubierto a través de la enseñanza Zen.

Lo que aprendes en esta enseñanza es un regalo divino para la humanidad y una poderosa herramienta para nosotros los que trabajamos día a día con aquellos que más necesitan de ayuda para restablecer su salud.

Es una herramienta para todo el mundo, pero es impresionante lo que podemos ayudar y avanzar los médicos utilizando el Zen con nuestros pacientes. Yo lo digo por experiencia propia y me gustaría compartir algunas de mis vivencias.

El primer toque Zen que hice fue a mí misma: tenía un dolor de cabeza insoportable y cuando estaba a punto de tomar un analgésico, pensé: «Me voy a hacer un toque Zen y a ver qué pasa». En cinco minutos el dolor había desaparecido en un noventa por ciento y quince minutos después ya no recordaba que me había dolido la cabeza. Sé que para mis compañeros de mente científica esto es cuestionable; pueden argumentar que estaba predispuesta o que simplemente me relajé con la respiración consciente y por eso disminuyó el dolor; yo no dudé por todo lo que ya había experimentado, pero admito que sopesé esa posibilidad.

Días después llegué a casa y encontré a mi hija con 39 grados de fiebre; había llegado así del colegio, y mi madre me esperó para que le diera algún antipirético. Yo la tomé en mis brazos y la abracé. Mientras mi madre buscaba el paracetamol, pensé: «Toque Zen», e inmediatamente le toqué el séptimo chakra con esa consciencia y miré el reloj, esperando que pasaran los cinco minutos —yo no tenía ninguna experiencia, ya que solo me había realizado un toque a mí misma—. Los segundos parecían minutos, se hacían eternos y cuando habían pasado justo dos minutos, ella abrió los ojos y me dijo:

—¡Mamá, tienes que respirar!

Y volvió a cerrar sus ojitos. Yo no me lo podía creer: ¿cómo conocía la respiración consciente? (pero ese es otro tema). En ese instante reaccioné, recordé el toque de emergencia y comencé a hacerlo. Minuto y medio después ella misma me retiró la mano de su cabeza y me dijo:

—Mamá, ya no necesito más, ahora quiero leche.

Le puse el termómetro para medir la temperatura y al ver el resultado llamé a mi madre, como loca, exclamando:

—¡Esto funciona, funciona de verdad!

La fiebre le había bajado a 37,2.

La próxima en probarlo fue mi madre. Estábamos en casa de Mayra (una amiga) y mi madre quería marcharse para tomarse un analgésico al llegar, porque no aguantaba un dolor neurálgico que tenía en el brazo derecho y que solo se le pasaba con tramadol de 50 mg. Me coloqué discretamente detrás de ella, le hice en toque Zen 7 + local, seguimos conversando y al cabo de veinte minutos le pregunté:

—¿Qué tal llevas el dolor?

Me miró y me dijo:

«Bien; después de que me hiciste «eso» ya no me duele.

Viendo los resultados en casa, comencé a hacerlo también discretamente con mis pacientes. Uno de ellos era una mujer en tratamiento por depresión a la que ya había derivado a la psicóloga y al psiquiatra de mi centro. Le hablé sobre el Zen y ella me dijo que lo quería probar, así que la cité en mi consulta. Le hice una serie de tres toques Zen y comencé a disminuir la medicación. Dos semanas después volvimos a hablar y era una persona totalmente diferente; aseguraba que su vida profesional y familiar estaba cambiando a mejor.

El resultado: actualmente sin medicación y el psiquiatra, después de la última consulta, le dio el alta.

Otro día, las enfermeras me informaron que habían adelantado el turno de una paciente diabética porque se había aplicado la insulina y aún estaba en ayunas. No se sentía bien y por eso la pasaron a mi consulta. La paciente tenía una glucemia de 65 mg/dl y bajando, como era de esperar por la insulina que se había inyectado. Ese día yo tenía a un médico en prácticas conmigo en la consulta y comentamos cómo era posible que se le ocurriera administrarse la insulina y mantenerse en ayunas. Era de esperar que se sintiera mal por una indudable hipoglucemia.

Cuando la paciente entró en la consulta, traté de que fuera lo más rápido posible para que se marchara a desayunar; de hecho, le dije que podía tomar algo allí mismo (un zumo y algunas galletas) pero cuando le estaba dando las orientaciones generales sobre su medicación y alimentación, la paciente perdió el conocimiento. El médico en prácticas y yo nos miramos y él corrió a buscar el glucagón para administrárselo. Mientras le esperaba se me ocurrió hacerle un toque Zen de emergencia. Mi compañero llegó en menos de un minuto con dos enfermeras y yo les pedí que esperaran unos segundos más y continué respirando con consciencia, como aprendí con Suzanne en los cursos Zen.

Todo fue muy rápido y muy condensado, ya que como médico convencional debía tener muy en cuenta el tiempo de actuación para evitar daños y secuelas en su sistema neurológico y como médico Zen también me preocupaba otras situaciones multidimensionales que podrían afectarla gravemente... y de repente, antes de que transcurriese un minuto, la paciente reaccionó, abrió los ojos y miró por toda la consulta, ignorándonos a los tres y buscando algo o a alguien por todas partes; luego me miró y me preguntó qué había pasado. Yo le respondí que se había desmayado por una hipoglucemia y le dije a la enfermera que le realizara un test de glucosa nuevamente antes de administrarle la medicación. Imagínate nuestra sorpresa al ver que los niveles de glucosa en sangre habían subido a 79 mg/dl (los valores normales son de 70-99), así que le dije a una de las enfermeras que simplemente la acompañara y le diera algo de comer, mientras el médico y la otra enfermera me miraban y preguntaban qué había sucedido, y yo aproveché para hablarles sobre la medicina holística y el toque Zen.

Debo confesar que pasé varios días pensando y tratando de buscar una respuesta científica a ese aumento de glucosa en sangre cuando la paciente estaba ya con una hipoglucemia y además se había administrado por desconocimiento insulina mixta y aún se encontraba en ayunas. No encontré una respuesta científicamente convincente, pero como bien dice Suzanne: «Y qué más da...».

En otra ocasión me llamaron a la sala de urgencias en un momento en el que estaba muy ocupada con mi consulta, ya que una paciente sufría una crisis hipertensiva y la doctora encargada aún no había llegado.

La enfermera me pasó los datos: paciente femenina de cincuenta y dos años de edad con antecedentes de síndrome metabólico y depresión que refería cefalea intensa bilateral con afectación occipital, mareos y falta de aire con niveles de presión arterial en 180/110 mmHg (una crisis hipertensiva). Como ya teníamos un protocolo establecido, le dije a la enfermera que podía seguirlo y le pedí que le realizase un electrocardiograma a la paciente y le administrase la primera dosis del antihipertensivo y un analgésico intravenoso para el dolor, mientras yo terminaba con el paciente que tenía en consulta o llegaba la otra doctora, que tardaría en teoría unos quince minutos. Cinco minutos después la enfermera volvió a entrar en la consulta y me dijo:

—Doctora, ¿por qué no va usted a ver a esa paciente?; está con mucho dolor.

Yo la miré y le pregunté:

—Pero ¿pasa algo más?

—Es solo que la veo con mucho dolor.

Abandoné la consulta y fui a ver a la paciente, que ciertamente lo estaba pasando mal, así que como ya le había mandado la medicación, me acerqué, le hice unas cuantas preguntas y le dije que le haría bien calmarse un poco, le invité a cerrar los ojos para que olvidara por un momento que estaba en el hospital y añadí a manera de broma que yo la acompañaría, porque también necesitaba relajarme un poco (en ese momento fue lo único que se me ocurrió para poder hacerle un toque Zen de emergencia sin darle muchas explicaciones).

Cuando terminé de hacerle el toque Zen, aún tenía los ojos cerrados pero su semblante había cambiado por completo. La dejé un momento así y fui a buscar a la enfermera para que le tomara nuevamente los niveles de tensión arterial y comprobara si la medicación ya había hecho efecto.

La enfermera así lo hizo, me miró sonriendo y me dijo que los niveles habían descendido a 130/85. Le pregunté a la paciente cómo estaba, y ella me respondió que mucho mejor, pero que tenía mucho sueño. Le expliqué que era normal y que esa sensación era un efecto de la medicación —el analgésico era muy fuerte y el antihipertensivo había bajado la tensión muy rápido—, que ahora debía descansar.

—No —me dijo—, si yo no he tomado ninguna medicación.

Yo miré a la enfermera totalmente desconcertada y ella me confirmó, muy sonriente:

—Es que no llegamos a administrarle los medicamentos porque queríamos que la viera antes.

Yo mantuve aquella expresión descolocada; seguía sin poder creérmelo. Había hecho el toque para calmar el dolor y tranquilizar la ansiedad en la paciente, pero en ningún momento esperando que sus niveles de presión arterial bajaran de 180/110 a 130/85 mmHg. Mientras me retiraba hacia mi consulta y era consciente de todo lo que estaba pasando, las lágrimas no me dieron tiempo ni siquiera a cruzar el pasillo. Reflexioné sobre lo ocurrido y le di gracias a Dios y al universo por lo que estaba sucediendo.

La paciente volvió en dos ocasiones más con episodios de cefalea, pero ya no entra por urgencias, ahora llega y espera a que termine la consulta y que le haga un toque Zen en lugar de administrarle medicación. Estoy segura de que si recibiese un Reset, la causa de esas cefaleas se cortaría de raíz.

A partir de estas experiencias no solo mi mentalidad como médico ha cambiado, sino también la de gran parte de mi equipo de trabajo (enfermeras, psicóloga, agentes de salud y hasta mi propia jefa, que de vez en cuando se pasan para que les hable sobre el Zen).

Sé que muchos que se resisten a creer, como antes me resistía yo, pueden buscar posibles explicaciones, como la influencia psicoemocional que se puede producir de manera consciente o inconsciente en un adulto para eliminar un síntoma que al fin y al cabo es subjetivo... pero como dicen que los niños no mienten, quisiera compartir contigo otros dos casos.

Una compañera de trabajo llevó a su hija al centro para que le viera el odontólogo. La niña, de seis años de edad, llegó llorando desconsoladamente por una odontalgia (dolor de muelas), pero no podían hacer nada ya que según el odontólogo, lo que procedía era un tratamiento en el conducto dental, porque el nervio estaba afectado y no se podía realizar el tratamiento en ese momento. Tenían antes que hacer radiografías y administrarle antibióticos para controlar la infección. La situación era desesperante para la niña y su madre, porque los antiinflamatorios ya no le hacían nada.

El dentista le mandó un analgésico intramuscular puntual para ayudarla con el dolor, pero su madre, enfermera, pasó antes por mi consulta y me comentó lo que estaba ocurriendo. Me preguntó si podía hacerle un toque Zen, a lo que respondí que podríamos intentarlo. La niña aún continuaba llorando desconsoladamente cuando entró en mi consulta. Yo no recordaba a qué chakra pertenecía la cavidad bucal, así que probé con un «7 y local» colocando mi dedo por encima del maxilar inferior a nivel de la raíz alveolar. Cuando llevábamos así tres minutos, le pregunté si el dolor estaba disminuyendo y ella me respondió entre sollozos que no, así que decidí parar y hacerle un toque de emergencia. En menos de dos minutos la niña comenzó a tranquilizarse y sin preguntarle me dijo que ya no le dolía.

Han pasado ya más de dos meses y me dice su madre que no ha vuelto a quejarse del dolor de muelas. A pesar de eso le he aconsejado que continúe tratándose con su odontólogo.

Y el siguiente es el segundo caso: un miércoles por la mañana entró en mi consulta la coordinadora de enfermería y me dijo:

—Sé que no estás en urgencias, pero necesito que veas este electrocardiograma.

Al verlo le recomendé que lo repitiese porque tenía interferencias, pero aún así era patológico. Me respondió que ya lo había hecho, que aquel era el segundo electro. Le pregunté si el paciente tenía sintomatología clínica cardiaca y me contestó que padecía un dolor costal leve.

—Pues ve llamando al médico que tengas de guardia y que le pidan enzimas cardiacas a ese pobre señor –fue mi consejo.

—Es una niña de cinco años de edad –me indicó.

Al decirme eso, dejé todo lo que estaba haciendo y salí corriendo hacia donde estaba la niña, con la enfermera detrás de mí.

La paciente estaba en la sala con su madre, la técnica en electrocardiografía, la coordinadora de enfermería y otra enfermera de urgencias.

Me acerqué y la examiné. Cuando interrogué a su madre para conocer sus antecedentes patológicos y familiares y cómo se había iniciado todo, me contó que la niña se quejaba de dolor en el pecho desde hacía varios días, pero ella no le dio gran importancia. Le dije a la niña, que estaba consciente y totalmente orientada, que me mostrara con un dedito el lugar donde sentía dolor, y verdaderamente era un dolor retroesternal. Revisé personalmente uno por uno todos los electrodos buscando un falso contacto, pero no lo encontré, así que realizamos el tercer electrocardiograma y también fue patológico, con una taquicardia sinusal mayor de 150 l/m, ondas T negativas de V1 a V4 (a veces en niños pueden aparecer alteraciones de repolarización) o algún trastorno congénito, pero según el electro había una isquemia de la pared anterior del miocardio, además de la hipertrofia ventricular.

Yo seguía con mis dudas acerca del aparato así que le hicimos un electrocardiograma a la propia coordinadora de enfermería para comprobar que el electrocardiógrafo funcionaba (resultados: sin alteraciones) y luego le realizamos otro a un paciente ya conocido que teníamos en la sala de espera y que sabíamos que sufría un bloqueo de rama con progresión lenta de onda R en el plano horizontal, y eso fue justo lo que encontramos. Eso significaba que el aparato no podía estar dañado. Le realizamos el cuarto electrocardiograma a la pequeña y, como nos temíamos, volvió a dar las mismas alteraciones; no cabía duda, no era un error. Mandé a que avisaran al hospital de referencia para que esperaran a la pequeña, a la que enviaría en ambulancia para que la atendiese un cardiólogo infantil en la unidad de pediatría.

Solicité a todos que salieran de la habitación y solo dejé a una enfermera y a la madre de la niña. Sin decir nada, me acerqué y le hice el toque Zen respirando con conciencia mientras le auscultaba el corazón para disimular lo que estaba haciendo. En ese momento, al escuchar su arritmia solo deseé con toda mi alma que su pequeño corazón resistiera hasta que la ambulancia llegara al hospital de referencia y pudiera pasar a manos de especialistas en el área.

Todo esto sucedió la mañana del miércoles 1 de julio de 2015, y esa misma tarde me avisaron de que la madre de la niña estaba en el departamento de regulación médica solicitando la autorización para realizarle a la niña un ecocardiograma transtorácico. Las enfermeras hablaron con ella y la señora les narró lo acontecido en el hospital. Al llegar ya las estaban esperando, solicitaron varios exámenes de laboratorio (imagino que entre ellos enzimas cardiacas), repitieron el electrocardiograma y, sorpresa... solo se apreciaba una ligera arritmia sinusal y los demás parámetros electrocardiográficos estaban dentro de los límites normales.

La niña no refería más dolor, por lo que no le aplicaron medicación alguna, solo hidratación intravenosa para mantener vías permeables en caso de alguna incidencia inesperada. Al ver el electrocardiograma anterior y compararlo con el reciente, el médico de guardia dijo con total seguridad que aquel electro no era de la niña, que pertenecía a un paciente probablemente adulto y cardiópata y que lo más seguro era que nos hubiéramos equivocado y traspapelado el de la niña. La madre le respondió que NO, que ese era el electro de su hija porque ella estuvo presente allí todo el tiempo; pero el médico insistió alegando que en ese caso era probable que el aparato estuviera averiado. La madre le respondió que tampoco era posible porque ella presenció cómo nosotras repetíamos el examen una y otra vez incluso con otros pacientes para comprobar que el aparato estaba funcionando adecuadamente, ya que también teníamos la duda de que estuviera averiado, pero no fue así y quedó más que comprobado.

Según nos contó la madre, el médico continuó insistiendo en que había algún error ya que no era posible que un electro con ese tipo de alteración que diagnosticaba una hiperplasia ventricular y una isquemia del miocardio, es decir, un infarto, cambiase en tan solo unas horas durante el trayecto que realizó la ambulancia desde un centro al otro.

La madre no quiso seguir discutiendo con el médico y decidió guardar silencio. Al narrar lo ocurrido a las enfermeras de mi centro, una de ellas se acercó y le dijo que creía conveniente que hablara conmigo antes de marcharse y que me mostrara el último electrocardiograma realizado en el hospital.

La enfermera entró en mi consulta con una copia del electrocardiograma en las manos y me dijo en su perfecto portugués:

—Você è um Anjo (tú eres un Ángel).

Yo le respondí en mi portugués con acento extranjero y sin siquiera levantar la mirada:

—Nada è mais longe da realidade, porque se fosse assim eu nao estaría aquím assinando prescriçoes (nada más lejos de la realidad, porque si así fuera, yo no estaría aquí firmando recetas).

Ella se quedó allí de pie frente a mi escritorio, inmóvil, así que levanté la mirada y me desconcerté al verla con una sonrisa radiante, de oreja a oreja, pero llorando a mares sin poder contener el llanto. Me contó lo que había ocurrido en el hospital y me mostró el electrocardiograma de la niña. Yo, tratando de mantener la postura y no echarme a llorar, le dije:

—Qué maravilla, cuánto me alegro de que la nena esté bien.

Ella me indicó que la madre estaba fuera, que debería hablar con ella, y yo le respondí que no, que no era necesario.

Recuerdo cómo me miró, y sus lágrimas volvieron a brotar mientras me decía:

—Usted y yo sabemos lo que pasó ahí dentro.

Aquella enfermera ya había presenciado algunos toques Zen que le había hecho a otros pacientes y conocía los resultados; incluso ella misma había sido tratada por unas crisis de ansiedad acompañadas de dolor torácico y arritmias que habían desaparecido tras recibir el toque Zen), así que continuó diciendo:

—Yo creo que la madre merece saber lo que pasó.

Accedí a hablar con ella y le hablé sobre la medicina holística, lo que era un toque Zen y que le había hecho uno a su hija. Le hablé de Suzanne y de la Fundación Zen y le recomendé que viera los vídeos en YouTube. Pensé que creería que estaba algo loca, pero ella me miraba muy atenta; no dudó ni un segundo de lo que le estaba contando. Cuando terminé, simplemente me preguntó:

—¿Y eso puede hacerlo cualquier persona?

Yo le respondí que sí, que era algo que estaba al alcance de todos, a lo que replicó:

—Entonces yo quiero aprender.

En la actualidad la niña lleva una vida normal, sometida a revisiones por parte de una de las cardiólogas pediátricas que tenemos en la ciudad, con quien ya hemos compartido otros casos clínicos.

Yo continúo ejerciendo la medicina convencional en la pequeña ciudad en la que resido, pero como un regalo divino ahora tengo una herramienta que utilizo cuando es necesario y que complementa ese vacío que quedaba en donde la ciencia no llegaba, y mis compañeros médicos Zen saben de lo que hablo.

Ambas prácticas se complementan; ninguna desplaza a la otra. Creo que lo maravilloso de todo esto es la complementación de ambos extremos, que se unen en una holística para brindar corrección, bienestar y armonía en los diferentes planos dimensionales del ser humano.

Poder ver la raíz del problema desde el plano físico y el plano energético, comprobando cómo se manifiesta ese problema en signos y síntomas físicos, incluso percibiendo en algunas ocasiones multidimensionalmente el origen del problema (que muchas veces no es un problema orgánico, sino una afectación a otro nivel dimensional que termina afectando físicamente al paciente), es una BENDICIÓN.

Usar nuestros avances y conocimientos metodológicos y científicos para detectar los daños y corregirlos adecuadamente, combinando las enseñanzas holísticas para detectar el origen del problema y eliminarlo de raíz, es lo que se hace en medicina holística, lo que hacemos los médicos Zen, y me siento orgullosa y agradecida por poder ser parte de ello.

Porque la multidimensionalidad del ser humano es real y demostrable científicamente cada vez a mayor escala, precisamente nosotros, los médicos que diariamente damos lo mejor de nosotros mismos a través del arte de curar (acto que exige conocimiento, esfuerzo y abnegación a la vez, que requiere de vocación, trabajo y solidaridad), no podemos mantenernos al margen de esa gran e innegable realidad.

El universo real

El universo en que vivimos está lleno de sorpresas, sorpresas que en realidad no deberían sorprendernos, debido a que ya las conocemos...

¿Qué hacer con nuestro universo...?

¿En qué nos puede ayudar...?

¿Qué es en realidad...?

Hazte la idea de que nuestro universo es una inmensa bola de cristal dispuesta a proporcionarnos todo, absolutamente todo, lo que necesitamos. ¡Oh no! Cuidado, en verdad no es lo que en realidad necesitamos, sino más bien LO QUE PEDIMOS.

¿Cómooooo?

Así es, el universo está ahí donde está, creando realidades conjuntamente con los cocreadores que somos. Nosotros pedimos y él proporciona; pero proporciona solo lo que pedimos, porque su función no es pensar, sino «expandir» lo que ya existe en realidad. Nosotros simplemente pedimos o deseamos que suceda, y de esa manera creamos juntos.

Ese es el motivo por el cual debemos tener cuidado con lo que deseamos, con lo que pedimos, con lo que queremos que suceda.

Te explico: no te confundas queriendo aprender leyes de atracción o creación universal; en realidad de lo que estoy hablando es más fácil que eso. Las leyes universales son importantes, y mucho, pero ahora vamos a lo simple y esencial, a la convivencia con tu Ser creador, con la fuente que le proporciona esa creación que es el propio universo. Una vez entiendas cuál es la relación, será más fácil la comprensión de sus leyes o más bien el recuerdo de ellas, porque son leyes que conoces desde antes de venir a esta dimensión.

Vamos a lo nuestro: TÚ CREAS… Y EL UNIVERSO PROPORCIONA. Es como si tuvieras una empresa y el universo es un proveedor que te lleva la mercancía o los materiales que necesitas para poner en marcha el producto. Es decir, TÚ PIDES Y ÉL TE DA… ES MARAVILLOSO, ¿verdad? Pero el único problema es que no sabemos pedir y aun así nos pasamos la vida segundo tras segundo pidiendo y pidiendo mal.

En cada frase diaria que pronunciamos estamos co-creando con el universo, pero no somos conscientes de que estamos pidiendo y por lo tanto creando.

Debemos poner más atención a cada una de nuestras palabras y de nuestros pensamientos, porque ellos son el teléfono que usamos para hacer los pedidos a ese proveedor que es el universo creador.

Si dices: «Hoy no me puedo levantar», en realidad estás usando una metáfora porque lo que verdaderamente deseas es quedarte ocioso en la cama, no postrado e incapacitado. Pues bien… el universo no entiende de metáforas y por lo tanto interpreta que la realidad que quieres crear es esa: «NO PODER LEVANTARTE», por lo que creará situaciones y circunstancias para que no te levantes y te quedes en cama. ¿Y cuándo sucederá eso? ¿Cuándo se materializará? Depende de la relación y nivel de consciencia que vayas adquiriendo; porque para el universo el tiempo no es lineal, así que tu creación llegará en proporción a ese nivel de conciencia, y ese es el motivo por el que algunos tienen la respuesta a su pedido instantáneamente y otros a lo largo del tiempo.

Otro ejemplo: «¡Quiero que desaparezcas de mi vida!». Esta es una frase que puedes mencionar en un momento de rabia o ira, pero ¡cuidado!, porque el universo tampoco entiende ese sentido de emociones mal canalizadas; para él simplemente has dado la orden de sacar a esa persona de tu vida y por tanto generará las condiciones para que se marche. Pero ¿cuándo? Eso depende de tu nivel de consciencia.

Te contaré algunas anécdotas para ilustrarte.

Existe alguien en mi vida cuyo nombre es Alex. Le conocí en la universidad cuando tenía diecisiete años.

Se podría decir que es uno de esos amores eternos que nunca se olvidan, que además también es uno de mis mejores amigos; a pesar de la distancia, siempre estuvo a mi lado.

Nos conocimos en la República Dominicana, donde pasamos nuestra niñez, adolescencia y parte de la juventud. Terminamos nuestros estudios y diez años después, yo vivía en Brasil por trabajo, tenía a mi pequeña Lía de tres años de edad y me había quedado viuda a los treinta y dos.

Alex ahora vivía en los Estados Unidos, tenía una hija de cinco años y estaba separado. Teniendo claro lo que ambos sentíamos el uno por el otro, decidimos darnos una oportunidad. Así que viajé a Boston por su cumpleaños e iniciamos una bonita relación después de tantos años. Era hermosa la conexión que teníamos. Para las navidades de ese año, me dijo que quería que las pasáramos juntos, así que viajamos todos a la República Dominicana para pasar las navidades en familia: sus padres, los míos, nuestras hijas y nosotros dos. Todo era maravilloso. Me planteó la posibilidad de que nos fuéramos a vivir juntos a los Estados Unidos, con nuestras hijas y nuestras madres. Para mí era emocionante el planteamiento de una nueva vida en familia, excepto por un motivo. Yo no quería ir a vivir a los Estados Unidos por diferentes razones, casi todas profesionales, ya que era muy difícil la burocracia que existía en aquel país para homologar mi título de médico.

Sin embargo, a pesar de que no quería ir a vivir allí, estaba dispuesta a ceder por amor. Le amaba y quería estar con él, así que comencé a indagar sobre lo que necesitaba para poder trabajar como médico en aquel país. Contacté con algunos colegas y amigos que tenía allí, y finalmente, aunque los trámites eran algo difíciles, tenía algunas opciones de trabajo, principalmente en el área de psiquiatría, gracias a mi amigo Daniel, médico estadounidense que me ofreció trabajar en su clínica en cuanto obtuviera la licencia.

No obstante, durante mi estancia en Santo Domingo aquellas navidades me quedó claro que quería regresar a mi país. Ya tenía la experiencia de haber vivido en Francia, España y ahora Brasil, pero al estar allí, en mi pequeña isla, el país donde por algún motivo decidí nacer, comprendí que debía volver. Cuando se lo planteé a Alex, no lo comprendió. Habíamos llegado a la conclusión de que debíamos escoger un país para ir organizándolo todo a uno o dos años vista y mientras tanto, ambos viajaríamos para pasar tiempo juntos. Él me dijo que viajaría a Brasil para conocer el país y luego iríamos juntos a España y así podría tomar una decisión acerca de qué lugar le podría gustar; pero tenía claro que no quería regresar y vivir en la República Dominicana.

Al estar en otro nivel de consciencia, yo sabía que por algún motivo debía y necesitaba volver a casa, y si había algo seguro, era que él no pensaba igual. Incluso cuando me decía que le diera motivos que le convencieran para regresar a nuestro país conmigo, yo podía ver incertidumbre, e incluso dolor, en su mirada; no comprendía por qué, pero era más que obvio que él no quería regresar... y yo sabía que si regresaba por mí, no iba a ser feliz allí.

Donde entra el universo

Álex era mi mejor amigo y le amaba, pero yo estaba viviendo un proceso de evolución diferente al de él. Incluso reconocía sus reacciones porque ya había pasado por lo que él estaba viviendo y por eso le comprendía, pero también era consciente de mi propio proceso, que ahora estaba dirigiéndome hacia un retorno a casa que él aún no estaba preparado para afrontar. Y yo no quería hacerle daño o cambiar sus sueños y que fuera infeliz en un país en donde no quería estar.

Así que simplemente me senté y visualicé lo que quería. Expresé verbalmente que deseaba continuar mi proceso, que sabía que me llevaría a regresar a casa en lugar de irme a vivir a los Estados Unidos y que quería que Alex lo comprendiera y di por hecho que todo eso se iba a materializar sin el más mínimo esfuerzo por mi parte. Le dejé libre albedrío al universo, que sabría lo que debía hacer, y yo estaba preparada para ello.

Cuando regresé a Brasil y Álex a Boston, esa primera semana hablábamos poco, cada uno en su mundo laboral después de las vacaciones, y luego estuvimos la siguiente semana sin hablar. Yo sabía que el universo estaba gestionando mi pedido, así que no quise intervenir. Cuando transcurrió una semana, le llamé; él estaba con un cliente y me dijo que me llamaría al llegar a casa. Efectivamente, así lo hizo. Cuando oí el teléfono, sabía que era él y también sabía lo que iba a suceder. Me dijo que había estado pensando todo ese tiempo y que había llegado a la conclusión de que no quería vivir en otro lugar que no fuera los Estados Unidos. Le respondí que lo comprendía perfectamente y le dije que yo no quería vivir en aquel país, a lo que me respondió que también lo comprendía. Nos despedimos, ya que ambos teníamos cosas que hacer, tras decirnos que hablaríamos más adelante. En ese momento yo di la relación por terminada e imagino que él también.

Yo sabía que aquella situación no tenía nada que ver con el destino, ya que todo aquello que nos llevó a que tomáramos esa decisión fueron simples circunstancias que el universo utilizó para crear la realidad que se le había solicitado previamente. Y cuando eres consciente de que la realidad la estás creando tú mismo, no existen los dramas ni los resentimientos.

Es posible que ahora estés pensando que no fue un final feliz. Pero... ¿por qué pensar eso?

Tal vez porque crees que los finales felices no existen o porque los que no existen en realidad son los finales.

Continúo la historia...

Volví a saber de él diez días después cuando a las 22:15 pm me envió un mensaje en el que me decía que aunque la vida nos ha puesto en diferentes caminos, yo siempre sería el amor de su vida. Yo respondí el mensaje tres horas y quince minutos más tarde, a la 01:30 am, enviándole tres besos en forma de emoticonos, y nuestros mensajes se cruzaron cuando le escribí: «Te amo y siempre será así» y él escribía: «Te amo y siempre te amaré». Ambos mensajes llegaron al mismo tiempo, justo a la 01:31 de la madrugada.

Ahora él es feliz disfrutando de sus experiencias y su proceso de evolución y yo soy feliz disfrutando de los míos, ambos sin resentimientos. Él es y será siempre alguien muy especial en mi vida y disfrutamos del gran Amor incondicional que sabemos sentimos el uno por el otro.

*Gracias, universo, por haber contribuido
con esta hermosa realidad.*

Cocreadores del Universo

Materializando

Hoy, al terminar la consulta, me senté a compartir un rato con mis compañeras y a hablar sobre viajes. Ellas querían hacer un *tour* por Europa (España, Francia, Italia y Holanda). Me invitaron a realizar aquel viaje con ellas, ya que yo conocía aquellos países, incluso había vivido en dos de ellos. Estábamos a 21 de octubre de 2015, y las chicas querían ir en abril de 2016, pero esa era la fecha en que yo estaba planeando irme a la India.

Una de ellas dijo que el viaje era muy caro y que debería pedir un préstamo al banco para poder costeárselo; yo le recomendé que se lo pidiera al universo y él proveería, a lo que otra de ellas respondió:

—¿Proveer el universo?

Y acto seguido otra exclamó:

—Pues yo necesito diez mil reales para el viaje (unos cuatro mil euros) —Y continuó diciendo de una manera jocosa—: Que me llamen para decirme que los he ganado en un sorteo.

Yo le advertí:

—¡Cuidado! El universo escucha y gestiona.

Y lo mejor de todo es que gestiona según tus pedidos, sin importar que lo creas o no (tu creencia o nivel de conciencia solo interfiere en el tiempo de respuesta). Pero si el universo te da algo específico, luego no quieras cambiar de opinión y pensar que todo se quedará igual, porque él se mantiene gestionando permanentemente todo lo necesario para complacer tus deseos.

Las chicas se quedaron mirándome con expresión confusa, no comprendían lo que les decía. No sé si era porque no entendían el concepto o por mi imperfecto portugués, así que les conté unas anécdotas que me ayudaron a mí misma a refrescar la memoria y confirmar una vez más que nuestro universo es maravilloso.

Me gustaría compartirlo también contigo.

Ya sabes que actualmente estoy viviendo en Brasil y viajo para pasar las navidades con mi familia en la República Dominicana, especialmente para estar con mis hermanos y sobrinos —siempre lo he hecho así, incluso cuando vivía en España—. Sin embargo, este año, para las navidades de 2015, me apetecía que mis hermanos, sobrinos y cuñada vinieran a Brasil para pasar las fiestas aquí con mi madre, con mi hija y conmigo, así que los invité.

Mi hermano mayor, que es traumatólogo y profesor universitario, está casado y tiene dos hermosos niños, lo que se traduce en que solo en su caso se necesitarían cuatro billetes de avión, con un valor de entre novecientos y mil euros cada uno, que serían unos cincuenta mil pesos por persona, en total doscientos mil pesos.

Mi hermano decía que era mucho dinero y que no sabía si podría permitirse en esos momentos realizar ese desembolso.

Ese pasado mes de agosto yo había viajado a la República Dominicana para asistir a la Conferencia Mundial de la Paz y la Luz que se realizó en Bávaro —mis hermanos viven en Santo Domingo, a unos doscientos cuarenta kilómetros de distancia por la nueva autopista—. Al terminar la conferencia, que duró tres días, mi cuñada fue a buscarme al hotel Barceló Bávaro Beach, sede de la conferencia. Iba acompañada de una amiga que, si recuerdo bien, creo que era la encargada de la tienda de Óscar de la Renta en Punta Cana. Fuimos a almorzar y tuvimos la típica conversación entre chicas. La amiga de mi cuñada me preguntó cuándo tenía pensado regresar a la República Dominicana y yo respondí:

—Suelo venir para navidades.

Mi cuñada añadió:

—Pero estas navidades iremos nosotros.

Las tres nos miramos, muy felices y emocionadas; a mi cuñada le hacía mucha ilusión conocer Brasil, pero de repente cambió aquella expresión de ilusión por otra que yo describiría como de inseguridad y tristeza.

Le pregunté qué le pasaba y ella me respondió:

—Es que no estoy tan segura de que vayamos, es un gasto muy alto y ya sabes cómo es tu hermano.

Yo pregunté:

—¿Tú quieres ir?

Ella respondió:

—Claro que quiero.

Entonces, la animé:

—¡Pues pídelo al Universo! Lo quieres tú... lo quiero yo y ya está hecho; el universo lo organizará todo.

Mi cuñada me miró con una expresión interrogante, queriendo creer pero con sus dudas, y me dijo:

—Es que no es tan fácil.

Yo le respondí que sí lo era, era tan fácil como desearlo y pedirlo para que se materializara.

Comenzamos a hablar sobre energías del universo y terminamos con la medicina holística. Luego nos despedimos de su amiga y nos marchamos a casa, recorriendo aquellos doscientos cuarenta kilómetros en medio de un aviso de tormenta.

Llegamos a la casa antes que mi hermano y cuando él llegó, cerca de las siete de la tarde, nos contó aún sin creerlo él mismo lo que le había ocurrido: había recibido una llamada mientras conducía de regreso a casa, en la que le informaban que se había realizado un sorteo en su banco con los puntos de la tarjeta de crédito y que él había resultado ganador de doscientos mil pesos. Él no se lo creía, así que llamó al banco directamente para pedir información. La joven que le atendió por teléfono le pidió sus datos para confirmar si el banco tenía algún registro y, una vez comprobados sus datos personales, le respondió a mi hermano que la información era incorrecta. Se había realizado un sorteo esa tarde pero él no había ganado doscientos mil pesos, sino cuatrocientos mil (ja, ja, ja). Y que tendría que donar doscientos mil a una escuela de bajos recursos que ellos ya habían escogido y los doscientos mil restantes eran para él.

—¡Guauuuuu! ¡No lo puedo creer! –nos contaba mi hermano, y añadía–: Yo nunca he ganado nada en ningún sorteo en toda mi vida.

—¡Brasiiiiil! –exclamó mi cuñada, mientras me miraba.

—El universo gestionando –le respondí yo, con cara de satisfacción, porque comprendía lo que acababa de suceder.

—¡Es increíble!, ¿verdad?

Necesitábamos doscientos mil pesos y fueron gestionados el mismo día, y no solo eso, sino que nos dieron el pedido multiplicado por dos, cortesía de la casa para hacer una buena obra benéfica.

Así trabaja nuestro universo y nuestro Padre Dios.

Les contaba esto a mis compañeras, que me miraban con cara de fascinación y sin poder dejar de sorprenderse. Y luego alguien objetó:

—No, ese es un caso aislado, no es posible que ocurra así siempre, ni que sea así de fácil.

Yo le respondí que sí, sí que puede ser así siempre, y sí que es así de fácil. Si lo deseas y lo crees, si lo pides convencido y sin dudar, la respuesta llegará más rápido. Si no estás convencido, también llegará, solo que la entrega tardará un poco más en el tiempo y probablemente cuando llegue no lo reconozcas o simplemente no lo relaciones con tu pedido.

En ese momento se unió a la charla una de las agentes de salud; su hijo y mi hija asisten a la misma escuela y ambas nos habíamos encontrado hacía un par de semanas en un evento organizado por el ayuntamiento en el cual nuestros hijos tenían una presentación vestidos de florecitas. Habían organizado un sorteo para las madres y al entrar nos daban una tarjetita con un número; el mío era el 123. Al finalizar la presentación de los niños, iniciaron el sorteo. Yo debía llevar a mi hija al baño, así que le dije a una amiga que estaba a mi lado que estuviera pendiente para cuando me llamaran, es decir, para cuando mencionaran mi número. Ella me miró con una sonrisa incrédula y yo le dije:

—Sí, sí... tú ríete todo lo que quieras, pero estate atenta para cuando mencionen el 123, porque lo van a hacer.

Me fui con mi hija al baño y al regresar le pregunté muy seria:

—¿Ya me han llamado? ¿Dónde está mi premio? ¿Qué ha sido de él?

Ella sonrió y dijo:

—No, no te han llamado. Te lo dije.

Y yo respondí contundente:

—Pero me llamarán, ya lo verás; así que mientras tanto iré escogiendo el regalo que quiero.

Comencé a mirar aquel montón de regalos, la mayoría electrodomésticos de todo tipo y estuches de perfumería. Yo miraba con atención y me dije: «Tengo en casa todos estos electrodomésticos, así que quiero un estuche de perfumería». Luego pensé en voz alta: «No, no, que igual es algún producto que no es apropiado para mi tipo de piel».

Las madres a mi alrededor —cuatro de ellas eran mis amigas— me miraban y se reían. Yo también lo hacía, pero muy convencida de que saldría mi número en aquel sorteo, así que exclamé:

—¡Bueno... que me toque algo que no tenga y que necesite!

Yo recorría con la mirada aquella montaña de regalos mientras iba confirmando que ya tenía en casa todo lo que había allí, así que pensé: «Si lo que me toca es un electrodoméstico que ya tengo, voy a regalárselo a una de las madres que no lo tenga».

¿Y sabes qué? Cuando habían transcurrido unos quince o veinte minutos, mientras estaba conversando con una de las madres, otra me dijo:

—Beis, es tu número, es el 123.

Pero el hecho de que saliera mi número no es lo más increíble, no. ¿Recuerdas que pedí algo que no tuviera y que necesitara? Pues me tocó el único electrodoméstico que no tenía en mi cocina: ¡una batidora para preparar masa de bizcochos!, y la verdad es que no sé de dónde la sacaron, porque había mirado todas aquellas cajas de electrodomésticos y no vi esa batidora.

Todas me miraban como preguntando: «¿Cómo lo hace?». Y Vanda, la madre de dos de las chicas que estaban a mi lado y abuela de un hermoso par de gemelos que también habían participado en la presentación aquel día, me miró, me dio su tarjetita y me dijo:

—¿Puedes hacer que salga mi número? Aunque solo me tocara uno de esos juegos de cocina de tapas rojas y verdes, porque casi no queda nada.

La tomé de las manos, le devolví la tarjeta y le dije que yo no podía hacer nada, pero que ella sí, y que el secreto tan solo era pedir lo que quería y eso bastaba para que se hiciera realidad. Recuerdo que juntó sus manos como si estuviera rezando y que tenía entre ellas la tarjetita con el número 121, dos números menos que yo. Le comenté que yo ya tenía que irme, pero que se quedara tranquila a esperar lo que había pedido.

Al día siguiente por la tarde fui a casa de Vanda con su hija menor y me mostró el juego de cocina de tapas rojas que le había tocado justo diez minutos después de que me marchara.

¡Así funciona el Universo!

La última anécdota que les conté a mis compañeras fue precisamente sobre un viaje.

Siempre quise conocer tres países en especial: Italia (por Roma), Egipto y Praga.

Años antes de que naciera mi hija había estado ya en Italia en unas tres ocasiones, así que me faltaban Egipto y Praga. Quería hacer los dos viajes, pero también sabía que mi madre soñaba con ir a Egipto, así que decidí no viajar a Praga y utilizar el dinero para hacerle un regalo por motivo del Día de la Madre: dos billetes para una semana de crucero por el Nilo y otra semana entre El Cairo y Alejandría. Por supuesto, yo era su acompañante. Me sentía feliz por estar en aquel país maravilloso, pero lo que más satisfacción me daba era ver a mi madre disfrutando de su sueño hecho realidad, haciéndose fotos entre los templos y contemplando lo radiante que se veía en Giza mientras comíamos en un restaurante mirando las pirámides en la distancia.

Después de ese maravilloso viaje regresamos a nuestra rutina en Madrid y tres meses después, al recoger mi correo, me encontré con un sobre de una tienda de Barcelona de la cual era cliente muy frecuente. Al ver el sobre pensé que era publicidad y no lo abrí, así que estuvo rodando por mi sala más de una semana. Cuando estaba a punto de tirarlo a la basura, decidí abrirlo primero, ya con el pie puesto en el pedal que levantaba la tapa del cubo de la basura; casi me caí cuando leí que era la ganadora de un viaje a Praga con todos los gastos pagados.

Está de más decir que fui al viaje y que fue uno de los más maravillosos de mi vida, cortesía del universo, que lo gestionó todo para que tuviera lo que deseaba.

En aquel entonces no tenía el nivel de consciencia de la realidad que tengo ahora y tal vez por eso la respuesta no llegó al momento o al día siguiente como me ocurre ahora; sin embargo, el hecho de que no era consciente de que estaba deseando y pidiendo aquel viaje no impidió que el universo respondiera. Tan solo que la respuesta llegó un poco más tarde.

El último comentario que les hice a mis compañeras de trabajo fue:

—Cuando os hablo sobre el Universo, la realidad sobre los seres que somos y lo que podemos lograr tan solo despertando a esa realidad y aceptándola, no es algo que diga porque suene bonito o por impresionaros.

Lo digo porque es algo que yo estoy viviendo día a día.

Porque vibro y vivo en ese universo maravilloso, que es real.

¡Porque esa es mi realidad! Y también puede ser la tuya.

Por cierto, un mes después de la conversación con las chicas, me llamó a su consulta una de ellas. La misma que había dicho a manera de broma aquella mañana que necesitaba cuatro mil euros para el viaje y que estaría esperando que le llamaran para avisarle de que los había ganado en un sorteo. Recuerdo su cara de sorpresa cuando me dijo:

—¡Beis... Por el Amor de Dios, esa historia del universo de verdad funciona!

Estaba tan emocionada que entre la alegría y la sorpresa casi no podía hablar.

Me dijo que después de nuestra conversación le comentó a su marido que se iría de viaje a Europa con sus amigas; él le contestó que por él no había problema alguno, pero que ese era un viaje muy caro, a lo que ella le respondió, como bromeando, que el universo lo proveería.

Y resulta que cuatro semanas después había recibido una llamada telefónica de su prima, que le pedía su número de cuenta bancaria. Ella, extrañada, le preguntó para qué lo necesitaba y la prima le respondió que su anciano abuelo había decidido depositar una cierta cantidad de dinero en las cuentas bancarias de sus nietos... única y exclusivamente de sus nietos —creo que eran cuatro—, de los cuales ella era la mayor.

Tenía una sonrisa radiante mientras me decía:

—¡Ese es el dinero del viaje! ¡Incluso podríamos irnos a la India! ¡De verdad que lo del universo funciona!

Y así es.

Es una realidad. ¡Esa es mi realidad! Y también puede ser la tuya.

Solo tienes que despertar a ella.

Proceso de liberación

No me canso de repetir que *mi vida está cambiando*, y eso es algo que no puedo ocultar. Tal vez he tenido un despertar brusco o simplemente ya me venían dando palmaditas para que despertara, solo que no terminaba de enterarme.

En este último año me han ocurrido cosas impresionantes —en realidad debería decir en los tres últimos años—: la pérdida de mi hermano, la pérdida de mi esposo, cambio de trabajo, cambio de país... en fin, cambio de vida y todo lo que ello conlleva.

He conocido y «re-conocido» a personas ejemplares, alucinantes, admirables, a Seres de Luz sublimes en diferentes planos: espiritual, físico terrestre e incluso extraterrestre. Ellos son amigos, compañeros, parte de mi familia álmica, Maestros, guías y hermanos cósmicos de los que más adelante hablaré.

En realidad ni siquiera necesitamos diferenciarlos en esas categorías que menciono, porque cuando expandes tu consciencia eres sometido a una metamorfosis, como las mariposas, y pasas a un estado más sublime y receptivo desde donde te das cuenta de que todos somos lo mismo, solo que jugando desde diferentes planos.

La manera por la cual llegó a mí el concepto de liberación fue llana y clara, es decir, simple, fácil de comprender, ya que a veces nos perdemos en definiciones y conceptos sin captar su verdadera esencia y su alma.

La liberación es imprescindible para nuestra ascensión, pero no obligatoria para nuestra evolución; después de todo, estamos bajo un estado de libre albedrío y tú decides si quieres ser verdaderamente libre o no...

La liberación es restablecer la comunicación con otros planos a fin de no estar separados o divididos. De esta manera tendrás acceso a toda la información real, disponible para ti y para todos, sobre las reglas del juego y los secretos no tan secretos del universo. Ahora bien, quien no desee esta comunicación y quiera permanecer encerrado en sus pequeños sueños y objetivos es libre de hacerlo.

> *Recuerda las palabras del Gran Maestro Jesús:*
> *«Conoceréis la verdad y la verdad os hará libres».*

Como ya vimos, el proceso de liberación es en realidad un proceso de comunicación, y para estar preparados para establecer esa comunicación con otros niveles de consciencia

Proceso de liberación

y con nosotros mismos existen cuestiones mínimas que debemos resolver con nuestro cuerpo y nuestra mente.

No es un secreto para nadie la existencia de la manipulación a escala mundial a la que se ve sometido el ser humano por medio de sustancias tóxicas que afectan a nuestro organismo y particularmente a nuestro sistema nervioso, sustancias administradas a través de los alimentos, el agua y los productos de uso diario, eso sin mencionar la contaminación del aire que respiramos.

Todos estos factores que contaminan a niveles que tal vez ignoras impiden que tengamos el control de nuestro sistema nervioso y del resto de nuestro cuerpo, logrando así que NO podamos establecer dicha comunicación por los diferentes bloqueos producidos en nuestras glándulas, principalmente la pineal, en particular, y todo el organismo en general.

Ahora estarás pensando: «¡Sí! Todo eso de la manipulación y la conspiración es cierto».

Pero en realidad lo que deberías preguntarte es: «¿Quiero ser libre de esa manipulación? ¿Quiero entrar en el proceso de liberación?».

Si tu respuesta es sí, continúa leyendo...

Puede que para cada uno exista una receta diferente. Yo os contaré la que hicieron llegar a mí y os puedo asegurar que funciona. Lo demás es posible que no dependa solo del proceso de liberación.

Iniciarás un proceso de desintoxicación de tu cuerpo, tus tejidos, tus glándulas, tu mente, tu corazón y tus vibraciones, y por lo tanto estarás preparándote para recibir información universal que llegará a ti de la manera que el universo decida... pero llegará. ¿Y cuáles son los objetivos?

Objetivo 1: eliminar los cadáveres de la alimentación

Esto implica abstenerse de consumir todo producto realizado con la carne de animales muertos. Los motivos son físicos y espirituales.

El cuerpo de los animales, al igual que el de las personas, al morir inicia un proceso de putrefacción. Tú no lo percibes en la carne que compras en el supermercado porque está sometida a cierta temperatura por medio de una cadena de frío que detiene el proceso de putrefacción, al igual que sucede con el cadáver de una persona que se encuentre refrigerado en el instituto de patología forense. Es posible que la carne que compres en la carnicería sea de un animal recién sacrificado y que por tanto pienses que estará fresca; sí, tan fresca como el cadáver de una persona que acaba de morir y aún no ha iniciado el proceso de putrefacción –proceso que comienza entre las seis y las veinticuatro horas posteriores a la muerte (se trata de un proceso variable, dependiendo del medio y de la temperatura de exposición)–. Si te quedan dudas, podrías observar a un animal que muere en la calle o en el campo por un accidente: ¿cuándo comienza el proceso de putrefacción?

Todos pasamos por ese proceso, sea detenido por el frío o no: al salir de la temperatura adecuada, se inicia irremediablemente, se trate de un animal o de una persona.

Cuando comes carne, ese proceso de putrefacción continúa, solo que ahora dentro de tu organismo. Ese es el motivo por el cual algunas personas, al evacuar, deben contener la respiración en el baño, porque el olor apesta a cadáver putrefacto, y cómo no iba a ser así, si en realidad es lo que han comido.

No debemos olvidar tampoco la relación que existe entre las poblaciones que estadísticamente tienen mayor consumo de carne y asimismo mayor índice de afectados por enfermedades como el cáncer, del mismo modo que aquellas poblaciones con menor índice de dicha enfermedad destacan porque su principal fuente de alimentación es vegetariana.

Hace pocos meses la Organización Mundial de la Salud (OMS) por fin se dignó a reconocer públicamente la relación entre el consumo de carnes y la aparición de esta devastadora enfermedad que es el cáncer.

Hablemos ahora del hígado, uno de nuestros órganos más importantes por sus múltiples funciones ya que interviene en el metabolismo nitrogenado, el metabolismo de los hidratos de carbono, el metabolismo de las grasas, la secreción de bilis, el metabolismo de la bilirrubina, la biosíntesis del grupo hemo, la producción de proteínas del plasma sanguíneo, la transformación del amoníaco tóxico en urea (para que el organismo pueda eliminarlo a través de la orina), la descomposición de hormonas para que puedan ser excretadas, el procesamiento de las bebidas alcohólicas y algunos medicamentos para que puedan desecharse por la orina, la eliminación las impurezas de la sangre y el almacenamiento de hierro y vitaminas A, B_{12} y D.

Como podrás ver, el hígado tiene una importante función excretora, y el buen funcionamiento de este órgano se verá afectado por una alta ingesta de proteínas procedentes de la carne y de los productos que la contienen. Es una rueda viciosa: comes carne y deberías eliminar de tu cuerpo las toxinas presentes en ella, ya que te estás comiendo restos de un cadáver –sin contar también con las toxinas que disfrazan con el nombre de hormonas que son administradas a los animales para acelerar su proceso de crecimiento y que también deberías eliminar de tu organismo–, pero al comer esos productos en exceso estás alterando el metabolismo y la función de uno de los órganos principales necesarios para realizar ese proceso de excreción o eliminación. Y si no puedes eliminar esas toxinas de tu organismo, los que están interesados en que se acumulen en tu cuerpo –para así mantenerte desconectado– están alcanzando su objetivo.

¿Lo comprendes?

La parte espiritual es más simple aún. Puede describirse con una breve pregunta y una aún más breve respuesta:

Pregunta: ¿Por qué no comer carne?
Respuesta: Por respeto a la vida.

Si deseas investigar más sobre las alteraciones energéticas, puedes buscar información sobre los efectos vibratorios en nuestro cuerpo energético y mental que se producen debido a la ingesta de energías densas que se encuentran impregnadas en el animal, producidas por el trauma de su muerte y que nosotros ingerimos al comer su carne.

Los animales son seres vivos al igual que tú y yo, tienen emociones, sienten amor, miedo, rabia, afecto. Son criaturas de Dios y no merecen morir para calmar nuestras necesidades alimentarias cuando tenemos otras opciones.

No necesitamos portarnos como salvajes o caníbales, porque no lo somos.

Somos seres en proceso de evolución. Deberíamos darnos cuenta de eso y empezar a actuar en resonancia con esa vibración.

Objetivo 2: eliminar el consumo de alcohol

Todos sabemos cuál es el efecto del alcohol sobre el hígado, el órgano más dañado debido a que su función consiste en metabolizar el alcohol y convertirlo en otras sustancias. Es posible que se produzca una hepatitis alcohólica, que consiste en la inflamación y destrucción de las células hepáticas.

También se puede sufrir desnutrición, esteatosis hepática o hígado graso y cirrosis hepática, producto de la muerte celular que lleva a la degeneración del órgano, por la destrucción irreversible de sus células.

Pero el daño no es solo a nivel hepático, ya que el alcohol, al ser ingerido, pasa al torrente sanguíneo y afecta a todo lo que encuentra a su paso:

En el estómago: aumenta la producción del ácido gástrico, lo que puede ser causa de úlceras y hemorragias, así como también gastritis, esofagitis o úlceras pépticas. El cáncer de estómago ha sido relacionado con el abuso del alcohol.

En el páncreas: puede producir pancreatitis aguda, una grave enfermedad con peligro de muerte, o pancreatitis crónica, que se caracteriza por un intenso dolor permanente, que además puede generar un abuso de fármacos para calmarlo. Tras una pancreatitis puede aparecer también una diabetes o una peritonitis.

En la sangre: inhibe los glóbulos blancos y rojos. Sin la suficiente cantidad de glóbulos rojos para transportar oxígeno, el cuerpo se ve afectado por la anemia y por un déficit de oxígeno que dañará principalmente al cerebro y al sistema inmunológico y reproductor. La falta de glóbulos blancos origina un fallo en el sistema inmunológico, aumentando de ese modo el riesgo de infecciones bacterianas y virales.

Además de todo esto, la ingesta de alcohol disminuye la libido y la actividad sexual, puede causar impotencia, desarrolla glándulas mamarias en el hombre y en las mujeres altera las hormonas femeninas, trastornando el ciclo menstrual, por lo que puede llegar a producir infertilidad.

Parece que quienes están interesados en que se mantenga e incluso aumente el consumo de alcohol no solo desean que perdamos el control de nuestro sistema nervioso y la capacidad de tener un hígado sano para excretar las toxinas, sino que también pareciera que por alguna razón tienen interés en que quede desprotegido nuestro sistema inmunológico, lo que nos hace susceptibles a infecciones por virus que pueden incluso provocar la muerte. Este mismo proceso de congestión alcohólica también propicia la pérdida de identidad y la alteración del proceso reproductivo en los seres humanos.

Cuando estás bajo los efectos del alcohol, no tienes control de nada, no tienes control de ti, de tu cuerpo ni de tu mente... Entonces, ¿de quién es el control en ese momento?

¿Ahora crees que es necesario liberarnos, o no?

Yo creo que sí, que es preciso iniciar ese proceso de liberación, y la verdad es que tú ya lo has decidido; de lo contrario, no estarías leyendo este libro aquí y ahora.

Objetivo 3: meditar media hora al día

Cuando meditas, entras en conexión con Dios, con el universo, contigo mismo. Es un ejercicio de introspección, te vas al centro neurálgico, al inicio, a la fuente. Todo lo que necesitas saber, todo lo que necesitas tener, lo tienes dentro de ti y solo debes materializarlo. Pero antes de comenzar a materializar debes estar en la nada mental, olvidarte de todo lo que día a día te aleja de la fuente, de ti mismo, de tu interior. No necesitas irte al Tíbet para meditar, basta con que encuentres un rincón tranquilo en casa, que puede ser tu propia habitación, y pidas que no te molesten durante media hora –incluso puedes comenzar con cinco minutos y luego ir aumentando el tiempo.

Existen diferentes métodos para meditar, hay libros escritos e incluso meditaciones guiadas en internet; prueba las que quieras, estoy segura de que encontrarás la técnica que mejor te irá; pero recuerda, en este proceso lo más simple suele ser lo más acertado: no te obsesiones y vete a lo más sencillo, a lo natural, al sonido del mar, de la naturaleza. Simplemente mantente en silencio y quietud y escucha la sintonía, incluso escucha el silencio, y deja pasar los pensamientos que surjan sin aferrarte a ellos, simplemente déjalos pasar y llegará un momento entre el silencio y las imágenes de tus pensamientos en el que solo habrá una nada, que en realidad es el Todo... Allí es donde te encontrarás a ti y todo lo que necesitas. Es allí donde se inicia la conexión del todo, que te incluye a ti, al universo, al planeta y a todo lo que te rodea, donde hallarás el estado de paz, felicidad y plenitud que tanto buscas fuera y que siempre ha estado dentro de ti.

Si eres de los que necesita un método, aquí te muestro algunas pautas:

- Vete a un lugar tranquilo y ponte cómodo (sentado o tumbado).

- Respira profundamente y sé consciente tanto de tu inspiración como de tu espiración.
- Siente cómo te envuelve una brisa suave y te llena de paz interior.
- Ten presente que todo es amor.
- Respira tranquilo.
- Relaja el cuerpo soltándolo conscientemente.
- Piensa que tu cuerpo se va a quedar en reposo, y siéntelo así.
- Piensa que tu cuerpo es Luz y visualízala.

Refuerza cuando sea necesario la visión de tu cuerpo como Luz y siente la suave brisa que te llena de paz.

Mantente en ese estado; al llegar allí no tienes que hacer nada, solo estar... Tu «Yo Superior» sabrá lo que necesitas, lo que debes hacer o hacia dónde debes ir.

Confía en ti... Confía en él.

Objetivo 4: preservar la vida del planeta

Una vez te encuentres a ti mismo, te darás cuenta del ser que hay en ti, sabrás que eres un Ser de Luz y que estás en este planeta por algún motivo. Necesitabas estar aquí por alguna razón, y la Tierra, a pesar de estar herida, enferma y lastimada por la maldad e inconsciencia de la raza humana, te ha acogido con los brazos abiertos. Nuestro planeta es nuestro hogar, lo necesitamos, así que cuidémoslo.

Gracias a él estamos viviendo esta experiencia de dualidad. ¿Por qué no adquirir entonces una posición de respeto, de gratitud y de amor hacia él y hacia todo lo que representa?

Objetivo 5: pensar con Amor

Unos pensarán que es muy fácil, otros que es muy difícil, pero en realidad todo depende del punto de vista con que lo mires.

Si te fijas en la maldad, en el dolor, la crueldad, la desgracia, el odio que hay en el mundo, te resultará muy difícil pensar con Amor.

Pero y ¿si escoges el otro lado, el lado positivo, el otro punto de vista? Sería diferente y no te contaminarías con esos sentimientos y esas densas energías.

¿Quieres saber cómo hacerlo?

¿Cómo puedes pensar con Amor?

¡Fácil! Te daré la receta resumida en cinco pasos:

1. No juzgues.
2. No critiques.
3. No odies.
4. No desprecies.
5. No guardes rencor.

Síguela al pie de la letra y verás cómo mágicamente tu vida cambiará.

Entra en el proceso de liberación, de reconexión. Libérate de lo que te hace daño, de lo que te hace susceptible a la manipulación. El miedo, la duda y el enojo solo producen enfermedades. Aprende a AMAR, a decir «Yo Soy Vida», «Yo Creo», «Yo sí puedo». Porque puedes, eres capaz de Amar, de amarte a ti y de amar al resto de los seres vivos que habitan este planeta, incluyendo a los animales. Eres capaz de amar al planeta, sus días soleados o nublados, sus noches estrelladas u oscuras. Contempla la naturaleza, disfrútala y respétala, entra en contacto con ella y entra en contacto contigo mismo y recuerda que estamos aquí para evolucionar.

Un ser evolucionado es aquel que transmite Amor, Paz, Sabiduría, Conocimiento y Esperanzas.

Nubes grises

Las nubes grises también forman parte del paisaje

Hace una semana, parada en la puerta de la cocina de mi casa, sentí que me llamaban desde lo alto… Se repetía en mi mente una y otra vez las palabras *nubes grises*. Yo salí al jardín y miré hacia el cielo, y efectivamente había algunas nubes grises de diferentes tonalidades.

Pensé: «Qué pena, es casi la hora de la puesta de sol, y no será tan espléndida como en otras ocasiones».

Aquellas palabras continuaban resonando en mi mente: «*Nubes grises… nubes grises*», y yo me extrañé. Normalmente me sucede esto cuando tengo que presenciar algo, porque voy a recibir un mensaje de mis hermanos de Luz o porque la puesta de sol va a ser más espléndida que de costumbre y solemos reunirnos y disfrutar de ella todos juntos en diferentes dimensiones, mientras meditamos o simplemente intercambiamos información sobre las diferencias o similitudes de nuestros mundos, pero aquella tarde solo había un cielo opaco, no gris del todo, pero casi.

Justo al dar la media vuelta para entrar en casa volvieron a hablarme:

—*Nubes grises*.

Yo pregunté:

—¿Qué pasa con las nubes?

Me respondieron:

—Ellas también forman parte del paisaje.

Yo sonreí porque aquella frase había sido mi estado en una red social durante varios meses, a lo largo del proceso de enfermedad de mi esposo e incluso después de su muerte, así que al oír nuevamente la frase «las nubes grises también forman parte del paisaje», les dije con una sonrisa que mezclaba humor y melancolía:

—Me habéis robado la frase de mi perfil.

Su respuesta fue:

—Debes escribir.

Respondí automáticamente que sabía que llevaba semanas sin hacerlo, que les agradecía que me inspiraran y hasta me dieran los títulos específicos sobre lo que debía escribir, pero que no me apetecía hablar sobre cosas tristes, ya que para mí, las nubes grises simbolizaban tristeza y resignación a una situación que yo no lograría controlar, lo que me desconcertaba y hacía disminuir mi vibración.

Repitieron nuevamente la frase pero esta vez era una voz de mujer, una esencia femenina que emanaba una ternura maternal, como si fuese una amable maestra. La comunicación continuaba siendo telepática y me dijo:

—Siéntate, vamos a mostrarte algo.

Me senté en una de las tumbonas blancas del jardín y simplemente observé el cielo cubierto de nubes. Había diferentes tonos entre ellas y podría jurar que eran todos tonos grises a pesar de que se distinguía algún azul a lo lejos y también algún resplandeciente blanco curiosamente iluminado.

Cuando percibí la armonía de aquellos colores, me relajé, recosté la cabeza y cerré los ojos. Al hacerlo, oí nuevamente aquella voz femenina:

—¿Puedes sentir eso? –y de repente sentí una brisa fresca y húmeda, muy agradable.

Respiré y llegó a mí el aroma de la tierra y de la hierba comenzando a mojarse; olía a campo e incluso podía percibir el aroma de mis perros, que estaban a más de treinta metros de mí. Sentí el olor de la madera de pino de mi terraza y podía distinguir el viento, que venía en dos direcciones, y el leve movimiento del agua de mi piscina –a unos treinta metros de donde yo estaba sentada–, que podía diferenciar del sonido que provenía del lago –a más de ciento cincuenta metros de casa.

De repente mi cuerpo comenzó a vibrar; sentía cómo mi respiración coincidía con aquel viento en doble dirección, podía notar cómo uno y otro coincidían con mi inspiración y mi espiración, o tal vez era mi respiración la que coincidía con aquel viento... y de repente fui consciente de los latidos de mi corazón, pero no solo de los latidos, sino más bien de las contracciones musculares de miocardio: podía sentir cómo mi corazón se contraía para expulsar la sangre y luego se relajaba para recibirla nuevamente. Oía el zumbido de la corriente sanguínea en mi pecho y todo estaba en total armonía con los sonidos exteriores... Era algo maravilloso. Seguidamente pude percibir la circulación sanguínea en todo mi cuerpo, principalmente en las extremidades. Sentía como una pequeña corriente con leves choques de energía, acompañados de un ligero hormigueo que, al centrarme en él, me hacía sentir la piel ligeramente anestesiada. La brisa en ese momento trajo consigo gotitas de agua, que sentí por toda mi piel y que me producían la misma sensación que estaba sintiendo al ser consciente de mi circulación sanguínea.

A la vez que los zumbidos de las ráfagas de aire coincidían con el que producía mi corazón al contraerse, fui consciente de lo que estaba ocurriendo y di las gracias a Dios, al universo, a la Tierra y a mis hermanos por aquello que estaba viviendo. Era hermoso, como estar en medio de una sinfonía de sentidos, donde los protagonistas éramos Gaia y yo.

Era como si en ese momento yo fuera una misma con el planeta y con todo lo que hay en él. Como si lleváramos un mismo patrón fisiológico y armónico y al sentir mi cuerpo de esa manera tan definida también pudiera definir mi SER, aquel que ahora habitaba en medio de aquella armonía y proporcionaba vida, al igual que el magnífico SER viviente que era y es la Tierra. Estaba sintiendo su fisiología, su vida; ella era un ser vivo igual que yo.

Gaia, de la misma manera que era un ser físicamente hermoso, también era una entidad espiritualmente viva, iluminada y con consciencia del SER. No pude evitar llorar y dar gracias desde mi alma por la conciencia que estaba adquiriendo. Sentía cómo mi alma estaba llena de Amor y gratitud y se fundía con la de Gaia y ambas nos fundíamos con el universo. Sentí cómo aquello que estaba viviendo, aquel concierto sinfónico de majestuosidad física y espiritual, se reproducía una y otra vez con cada uno de los planetas en el universo; yo era simplemente un fractal de la Tierra, de la creación; en todo mi cuerpo se reproducía la vida y la fisiología de Gaia, y también en ella se estaba reproduciendo la fisiología y la vida del Universo.

Por unos instantes estuve tan sumergida en aquel concierto universal que no noté que había parado de llover, pero continuaba sintiendo la circulación en mis manos, así que abrí los ojos para mirármelas y moverlas y para asegurarme de que seguía teniendo control sobre ellas. Las miraba maravillada, como si fueran una obra de arte viviente.

Pregunté telepáticamente a mis hermanos, —sabía que estaban allí acompañándome en aquella experiencia— dónde estaba el agua, ya que había parado de llover.

Y esta fue su respuesta:

—Cierra los ojos y escucha.

Cerré los ojos inmediatamente, respiré profundo y en medio del silencio de aquella inspiración pude sentirla, o más bien escucharla... Podía escuchar la lluvia que se acercaba, era algo impresionante, no podía confundirse con el viento —en ese estado de conciencia identificaba perfectamente, diferenciando el viento de la lluvia, que venía cayendo como en cámara lenta.

Quería quedarme allí con los ojos cerrados; era como si estuviera en otra dimensión, era tan hermoso y sensitivo... como si el tiempo se hubiera detenido en aquel instante, de repente me dijeron:

—Ahora abre los ojos.

Los abrí y fue impresionante, porque sabía que estaba escuchando la lluvia pero aún no había caído; ahora me parecía aún más, que el tiempo se había detenido. Miré hacia arriba, a mi derecha, por encima de un árbol de guayaba que tenemos plantado en el jardín, y mi rostro se iluminó cuando comencé a ver el agua caer... ¡y lo hizo solo en aquel lugar! Era una columna de agua menor de dos metros de diámetro, pero lo que más me asombraba era que podía ver las gotas de agua caer desde lo alto. Normalmente, cuando miramos la lluvia tenemos la impresión de que comenzamos a ver el agua a una distancia de entre cuatro y ocho metros de altura, dependiendo de la perspectiva; sin embargo, yo estaba maravillada porque veía las gotas desde muchísimo más alto y era consciente de ello. De repente oí el sonido aumentado de más agua y al extender la mirada pude visualizar toda el agua que venía cayendo desde arriba, pero sin que llegase aún al suelo; era como si estuviera cayendo un manto, hecho de cristalitos que caerían cubriendo toda aquella extensión de tierra... Y de repente cayó...

Fue hermoso sentir la lluvia nuevamente sobre mi piel; era fresca a la vez que cálida, la sentía, la olía y la escuchaba. Volví a mirar hacia arriba y continuaba maravillada al comprobar que seguía manteniendo aquella capacidad de ver las gotitas caer individualmente desde lo alto; me daba la impresión de que cada gota de agua era única y que estaba viva. Es algo que no sé cómo expresar, fue una sensación incomparable, era consciente de cada gotita de lluvia que estaba cayendo, y mientras más alto miraba, más me daba cuenta de que continuaba viéndolas desde más cerca de su origen, como si las estuviera viendo salir desde las propias nubes con una diferencia de pocos metros.

Fue majestuoso, hermoso, lo que vi y sentí. Desearía encontrar las palabras exactas para transmitir aquella experiencia en toda su magnitud pero creo que no es posible expresarlo todo en palabras.

Me quedé allí tumbada disfrutando de aquella experiencia y al cabo de unos minutos comencé a sentir frío, algo que me extrañó… Tal vez puedas pensar que es normal que sienta frío ya que estaba tumbada bajo la lluvia, pero para mí no lo era, porque me sentía fundida con la naturaleza y el descenso de temperatura me sacaba de aquel estado. Justo en ese momento comenzó a funcionar mi mente pensante y a hacer preguntas y comparaciones…

Pensé: «Si estoy en total conexión con la naturaleza y estoy sintiendo cómo ambas somos una misma, ¿cómo es que mi cuerpo, que tiene una temperatura interna de 37 grados y una cutánea de 33, ahora siente frío? ¿Cómo es posible que si el agua, el viento y los diferentes latidos de la naturaleza coinciden con los míos, ahora tengo tanto frío?». Pensé que el aire debería ser más cálido, como al inicio.

Mientras dejaba a mi mente a sus anchas, cuestionándose e intentando que regresara a lo que ella consideraba que era la realidad, una nube gris se posó justo encima y por delante de donde estaba yo. Me daba la impresión de que nos separaban apenas unos pocos metros y levanté el rostro hacia ella y cerré los ojos esperando que cayeran más fuertes las gotas de agua, pero en lugar de agua sopló una ráfaga de aire templado desde aquella nube hacia mí, que calentó mi cuerpo.

En ese momento abrí los ojos, miré hacia la nube con una gran sonrisa y sentí una oleada de Amor incondicional que salía desde mi pecho y se proyectaba hacia ella. Sabía que mis hermanos cósmicos estaban allí camuflados y que habían escuchado mis cuestionamientos mentales y decidieron gastarme una especie de broma... Reconocí en ese momento quienes estaban allí.

✯✯✯

Todos los seres con los cuales he contactado tienen algo en común, independientemente de la raza a la que pertenezcan, y es que vibran en el Amor. Algunos de ellos prácticamente no muestran emociones, mientras que otros se revelan más cercanos y llegan a utilizar juegos de palabras para que pueda entender algunos conceptos que intentan transmitirme. Incluso en alguna ocasión utilizan el sarcasmo para ver mi reacción y a manera de broma me dicen que la que parece de otro planeta soy yo, puesto que normalmente considero que su sarcasmo es más bien una provocación, mientras ellos se ríen y me dicen que debo aprender a controlar mis emociones y responder con menos ligereza a los falsos estímulos de mi mente.

✯✯✯

Sabiendo que estaban presentes detrás de esa nube y sintiendo incluso agradecimiento por la broma del aire caliente, me reí a carcajadas mientras les agradecía que estuvieran allí conmigo. Después de eso la nube simplemente comenzó a subir y a alejarse en una forma algo acelerada. Mi madre se acercó en ese momento a la puerta y llegó a verla aún cerca, aunque alejándose con rapidez... Como me vio sonriendo mientras miraba hacia la «nave nube» y estaba ya más que acostumbrada a aquellos encuentros, simplemente me dijo con una ligera sonrisa:

—¡Qué! Tus amigos se van porque yo he llegado.

Ambas nos miramos y nos reímos. Entré en casa empapada de agua detrás de ella y con una sensación de estar flotando en un Amor puro que brotaba justo desde el mismo núcleo de cada una de mis células.

-

Quiénes somos...

¿Quiénes somos?
¿De dónde venimos?
¿Qué hemos venido a hacer aquí?

Son las preguntas que deberían estar dando vueltas en nuestras cabezas.

Algunos no han llegado a ellas porque quizás aún no es el momento. Otros han llegado y ya tienen las respuestas, mientras que otros se han hecho las preguntas pero aún no tienen las respuestas. Y la realidad es que esas respuestas no se encuentran en sus mentes, sino en sus conciencias; ellas tienen esa información, saben quiénes son y recuerdan a qué han venido. Lo que debemos tratar de hacer es recordarlo en esta dimensión, que es donde lo necesitamos; pero si creemos que solo pertenecemos a esta dimensión, eso significa que no sabemos nada, que estamos perdidos, que no recordamos nuestra esencia.

Tal vez ahí esté el secreto, en las diferentes dimensiones.

Hace dos días escuchaba una entrevista que se realizó a un científico, el doctor en física Jean Pierre Garnier-Malet, quien desarrolló la «Teoría del desdoblamiento del tiempo». Así es, científicos descifran la teoría del desdoblamiento, la proyección astral a través de diferentes dimensiones, todo ello explicado por la ciencia.

El desdoblamiento

Hacemos una pregunta y un Ser Superior, que somos nosotros mismos en un tiempo paralelo, da las respuestas. Es decir, nosotros sabemos las respuestas, ya que desdoblados en el tiempo podemos ir a las diferentes dimensiones o alternativas, ver la situación, evaluar cuál es la mejor respuesta o solución y volver aquí.

¡Desdoblamiento! Apoyado por una teoría científica.

Garnier-Malet deja claro —e insiste en ello— que es solo ciencia, no habla de religión y subraya constantemente que no es una técnica, sino una Ley universal.

A veces me resulta difícil entender por qué seguimos dividiendo las cosas. Tal vez la religión es ciencia o quizás la ciencia es religión, o en realidad no existe ni una ni la otra y simplemente son dos partes de la verdad contemplada desde puntos de vistas diferentes.

¡Da igual! En realidad lo que necesitamos son respuestas a nuestras eternas preguntas.

¿Por qué nos preguntamos tanto? Porque no recordamos.

Y en el fondo sabemos que hace falta algo más, por eso nos preguntamos, porque de lo contrario no existirían tantos cuestionamientos.

¿De dónde hemos venido?

Tal vez somos cocreadores de esta realidad. Tal vez cocreamos un hogar a donde poder venir y donde experimentar, aprender, practicar aún más la creación, conocernos, conocer nuestras reacciones, sentir emociones, relacionarnos con nosotros mismos desde diferentes perspectivas.

¡Es posible! Es posible que seamos cocreadores, pero... también tal vez exista otra posibilidad. Si piensas que no es así, que no eres cocreador, si crees que esta realidad o este mundo ya existía, que no lo creamos, que ya estaba aquí... también tendrás razón. Y lo piensas así porque esa es tu realidad. Y todo está bien.

La Tierra es un ser que ha existido desde siempre, desde la creación; y hemos decidido simplemente venir a experimentar en ella, a aprender de ella, a conocer la naturaleza de su entorno, su geografía, su fauna y su vida en general.

Es un ser vivo y estamos dentro de ella, ella nos acogió y nos brindó la oportunidad de vivir todo eso.

Tal vez lo que hacemos aquí no hubiésemos podido hacerlo en ningún otro planeta porque no existían las condiciones necesarias para hacerlo.

Da igual lo que pienses, da igual lo que creas, da igual lo que sea.

Tal vez eres del grupo de los cocreadores... Hay de todo... Hay de todo aquí dentro.

Quizás perteneces al grupo de los que solo han venido a experimentar, o tal vez al grupo de los que ya han experimentado y aprendido y quieren ayudar. Es posible que seas de aquellos que han realizado la experimentación a otros niveles, en otros mundos, y que han evolucionado hacia el Amor incondicional de todo lo que tiene vida en el universo. Por eso han decidido venir a ayudar a este planeta y a todos los que están pasando por ese proceso aquí, sin importar la procedencia, sin importar de dónde vengan, sin importar quiénes son, sin importar el grupo al que pertenezcan o lo que vinieron a hacer, simplemente a ayudarles.

Tú puedes ser cualquiera de ellos, solo que no lo recuerdas, ¡PERO LO RECORDARÁS!

El hecho es que independientemente del grupo al que pertenezcas, seas de donde seas, vengas de donde hayas venido, estás aquí, estás en TERRA, estás viviendo dentro de Gaia y debes cuidarla, debes respetarla, porque te está brindando la oportunidad de evolucionar.

La evolución es Amor en la más pura expresión, ese es el camino, la evolución, la trascendencia, la ascendencia, hacia la Luz, la Fuente Divina de donde todos venimos inicialmente.

No pretendo inculcarte mis ideas, no es mi objetivo.

No quiero cambiar tu sistema de creencias, eso tampoco es a lo que aspiro; solo espero que mis palabras, que mis experiencias, las que me han llevado a mí misma a encontrar mis respuestas, a recordar quién soy y por qué estoy aquí (aún continúo recordando, recordando más cosas sobre los que me rodean, sobre los que me rodearon, sobre los que me rodearán y sobre mi propio Ser), puedan ser una pequeña luz o estímulo en tu camino. Espero que te hagan pensar, reaccionar, y que tomes tú la decisión de lo que quieres hacer, y lo que hagas estará bien.

Si quieres continuar durmiendo, estará bien.

Si quieres despertar, estará bien.

Si quieres hacer preguntas, estará bien.

Si no quieres preguntar nada, también estará bien.

Tu reacción es lo importante, lo que hagas es lo importante para ti.

Siempre todo va a estar bien, porque tú eres la Fuente.

Si estás triste, es porque quieres; si estás feliz, es porque quieres. Cuando descubres cuál es el centro, el inicio de todo, lo entiendes.

Parece despiadado que diga que si estás mal es porque quieres, pero... Si te enojas, por ejemplo, y lo cuestionas desde un punto de vista egocéntrico, eso significa que no lo estás comprendiendo, pero aún así, recuerda siempre que «todo está bien».

Yo he vivido y continúo viviendo experiencias cada segundo de mi vida, cada minuto, cada día. Experiencias mágicas, terrenales, de tercera, cuarta y quinta dimensiones... experiencias interdimensionales que me van haciendo recordar quiénes somos, quién soy. Cada uno vive su propio proceso evolutivo, porque cada uno es diferente, aunque todos somos iguales. Pero si al compartir mis experiencias contigo puedo hacerte que te detengas solo un minuto para pensar, que te cuestiones dónde estás y por qué, y sobre todo quién eres, que te preguntes a ti mismo «¿quién soy y qué hago aquí?», el objetivo estará cumplido, o simplemente parte de él.

No necesitamos adelantar el proceso evolutivo de nadie, como he dicho antes. Cada uno es independiente; desde el Amor no tengo que decirte lo que debes hacer. Como afirma la gran Suzanne Powell, *Atrévete a ser tu Maestro*. El Maestro está dentro de ti. No pretendo ser la maestra de nadie, sino la mía misma, a eso he venido, esa es Beisblany Maarlem

Castillo en esta vida, en esta encarnación. Un ser físico que me está ayudando a evolucionar, a aprender, a experimentar; que me sirve como vehículo para estar aquí, para completar cosas, para cumplir objetivos.

Yo Soy... Yo Soy mi SER, no mis pensamientos, no mi mente, no mis emociones, no mi cuerpo, no el nombre que me han puesto mis padres al nacer en esta encarnación... ES MI ESENCIA...

¿Reconoces tu esencia?

¿Sabes cuándo te habla?

¿La escuchas? A veces es audible, en otras ocasiones solo lo sientes, lo sabes, te estás hablando... Y buscas en otras partes, pero eres tú mismo, tú tienes todas las preguntas y tienes todas las respuestas.

¡Estimúlate!

¡Despierta!

¡Reacciona y utiliza! Utiliza todo lo que tienes en tu poder. Utiliza la ciencia, utiliza la espiritualidad.

Infórmate a todos los niveles.

Pero SIENTE, déjate sentir; tu SER te confirmará lo que deba confirmar.

¡No sé qué será! Puedes considerar que es bueno o que es malo, pero si tienes preguntas es porque quieres respuestas.

¡Y todo está bien...!

La energía no es buena ni mala, SOLO ES ENERGÍA. Tú marcas la diferencia, TÚ decides para qué la vas a usar.

Del mismo modo, el conocimiento no es bueno ni malo, SOLO ES CONOCIMIENTO. Tú decides en pro de qué lo vas a utilizar.

¡VIBRA...!

¡Ama...!

¡Siente...!

Sé consciente, siente la LUZ, siente el AIRE, siente el AGUA, siente la TIERRA, incluso siente el FUEGO, siente el ÉTER... En esa fusión estás TÚ.

Lo puedes hacer TODO o NADA. Tú decides, si te quedas en el TODO o te quedas en la NADA. Pero haz algo... ¡Reacciona...!

Ya basta de estar dormido... ¡Despierta!

Si estás en la Nada, quédate en la Nada, pero CONSCIENTE de que estás en ella, sabiendo TODO lo que se mueve en ella.

Si vas a estar en el Todo, ¡RESPIRA! Llena tus pulmones de aire. Expande tu CONSCIENCIA. Emana tu LUZ interior. Irradia AMOR. Reconoce tus DONES. Utiliza tu PODER e inicia tu MISIÓN. Alcanza tus OBJETIVOS, no pares en tu CAMINO EVOLUTIVO.

¡Regresa a casa...!

Soy Elhiott

Nacida de una Fuente de Luz eterna, de donde también provienes tú.

Antigua, no tanto, aunque he vivido muchas vidas en este planeta. Recuerdo muchas de ellas: cuando regresas al inicio, cada vez que retornas a casa tienes total comprensión de lo recorrido en general. A algunos se les permite incluso tener acceso a ese mapa aun estando encarnados, debido al plan o sistema cósmico de este planeta, eso depende de que tu Ser considere que lo necesita para el desarrollo de su misión y que se valore en otras esferas que esa información no intervendrá alterando el libre desarrollo de tu proceso de evolución y el del planeta.

Esa información sobre las diferentes experiencias de vidas no es lo importante ahora; el pasado no existe, al igual que el futuro… Solo existe un eterno presente dividido en diferentes dimensiones, que serían como distintos «aquí» y «ahora», pero todos presentes, todos reales, todos vivientes.

Unas dimensiones son claras, sublimes, y otras no lo son tanto. Esas tienen más oscuridad, el mar y sus olas son peligrosas, más de lo que podrías imaginar... El día nunca llega y por eso la oscuridad es continua y ni siquiera el ruido puede romper el eterno silencio que hay allí. Pero... eso no es un infierno... ¿o sí?

Es solo una dimensión densa.

Existen otras tan sublimes que tu cuerpo, sea de la materia que sea, flotará. Sentirás la ligereza, verás los colores, colores conocidos y otros desconocidos. La composición y el tacto de los objetos son diferentes a los de esta dimensión. El agua no es líquida en estado normal, incluso puede flotar y elevarse sin necesidad de pasar por un estado de transformación de su materia de líquido a gaseoso como ocurre aquí; simplemente es diferente.

Hay dimensiones con prados llenos de flores vivas, animales de compañía, que aquí serían considerados fieras y especímenes como sacados de un cuento pero que allí son reales.

La comunicación con todos los seres vivos fluye con Amor, todo allí es posible con solo desearlo. Es un eterno día, el sol brilla, pero sin quemar, y habrá lluvia cuando tú lo desees, para potenciar el aroma de las flores; percibes cada gota de lluvia que cae, cada ráfaga de viento, el recorrer de una gota de agua por el centro de la hoja en total consciencia de la vida que hay en la gota y de la vida que hay en la hoja. Todo es sublime allí, todo es Amor, todo es Armonía.

¿Es eso el paraíso?

¡No! Es solo otra dimensión.

Y como seres interdimensionales, tenemos acceso a todas esas dimensiones. Tú decides a dónde quieres ir de paseo.

Estas dimensiones mencionadas no son ni las más densas ni las más elevadas; simplemente son los primeros peldaños en direcciones opuestas o paralelas a esta, dentro de lo que es un universo interdimensional.

Pero, antes de intentar conocer y experimentar de manera íntegra otras dimensiones, lo más sensato es conocer la que habitamos ahora y aquella a la que realmente pertenecemos. Porque la comprensión del universo y de su funcionamiento, solo en lo que a nosotros nos compete, está entre esas dos dimensiones. Entre ellas hallaremos otras secundarias y al final veremos que todo se une en una enorme red multidimensional conectada secuencialmente entre sí.

En resumen: SOMOS SERES INTERDIMENSIONALES.

Cuando reconocemos y aceptamos ese primer aspecto, comienza «Tu Juego».

Es Tu Juego universal, porque ahora tienes la pista principal que te llevará a formar el puzle, a recordar tu plan, a resolver el acertijo.

Te darás cuenta de que el laberinto ya no es un laberinto sin salida. Verás que recordarás la entrada y también la salida, te acordarás de los caminos, las situaciones por encontrar, por resolver y por ignorar. Se trata de diferentes situaciones, colocadas estratégicamente, al igual que las señales situadas para que recuerdes que todo es un juego de recopilación de experiencias y evolución que tú mismo diseñaste y elegiste vivir.

VIVIR...

La experiencia mayor de esa dimensión es VIVIR, y no existir, porque ya existes y existías antes de ella. La idea en esta dimensión es vivir, así que VIVE... *disfruta, aprende, experimenta, equivócate, ríe, llora, sé feliz.* Para eso sirven los caminos y las circunstancias que colocaste dentro de tu juego, para vivir todo lo que creías que necesitabas y querías experimentar en esta dimensión. Ese es el recorrido o interior del supuesto laberinto de tu vida.

Digo supuesto porque ves que no es ningún laberinto, sino más bien un flujo de lugares, situaciones y seres conocidos que encuentras en este paseo y que te ayudarán a recordar en el trayecto de regreso a casa.

Ah... Ahora preguntas: «¿Y qué hay de MI MISIÓN?».

Es cierto, no solo venimos de paseo a VIVIR y a ser felices (no olvidemos que a veces el llanto y el dolor también son parte de la felicidad), pero antes de preocuparnos por la misión, debemos ocuparnos de VIVIR, no de EXISTIR.

Cuando vives, te deslizas por los caminos de ese supuesto laberinto de vida con una destreza que solo tú manejas, porque has reconocido ya que es tu juego. Un juego que tú creaste, así que disfrútalo, diviértete, juega y VIVE.

En consecuencia, como tú has organizado tu propia agenda, recorrido, laberinto, plan de vida o como quieras llamarlo, es obvio que no te olvidarías de tu misión, y ciertamente no la olvidaste. Pero te encontrarás con ella para llevarla a cabo solo cuando realices tu objetivo, que es VIVIR.

¿Lo comprendes?

Vive este juego, experimenta y disfruta esta dimensión y reconocerás y recordarás quién eres, de dónde vienes; te harás consciente de las diferentes dimensiones que se unen en este plano y entonces llegará a ti TU MISIÓN.

¡ELLA TE ENCONTRARÁ A TI Y NO TÚ A ELLA!

Soy Elhiott

Muchas veces tu misión está a tu lado y no la reconoces porque estás ocupado en las distracciones de tu propio juego, distracciones que tú consideras problemas inevitables e irresolubles, problemas existenciales que te devoran y no te dejan avanzar y a veces ni respirar.

Pero si nos detenemos y volvemos a mirar el juego de vida, te darás cuenta de que no son realmente problemas, a pesar de que parezca que sí lo son, en esta tercera dimensión. Cuando eres consciente de que tú no eres un ser exclusivamente de tercera dimensión, sino multidimensional, te das cuenta de que es una estupidez pensar que ciertas cosas constituyen un problema.

¡Ah! ¿Lo ves? ¿Lo estás captando?

Si miras tu tablero de juego desde este nuevo nivel de conciencia adquirida (que en verdad siempre has tenido), te percatarás de que tus supuestos problemas solo son migas de pan que has dejado por el camino para detonar algunas experiencias que querías vivir en este sendero de camino a casa.

Entonces vuelves a tu realidad, das las gracias al universo, disfrutas de la experiencia, la incorporas («eso es transmutar»), la trasciendes («eso es evolución») y continúas tu trayecto de vida siendo feliz y sin distracciones absurdas e inexistentes. Y cuando ya no te «pre-ocupas» por esas situaciones que en realidad no existen, tienes más tiempo y tu mente está más clara, porque no está «pre-ocupada». Así que en lugar de luchar para distraer y ocupar tu consciencia, comienza a trabajar en alianza con ella, y es en ese punto donde tu consciencia, que todo lo sabe, al ver que tu mente está preparada (pre-para-dar) y no «pre-ocupada», le muestra las señales precisas que preparan el «re-encuentro» con tu misión.

Cuando el RE-ENCUENTRO está preparado, tu misión simplemente llega... Así de fácil, solo llega, y todo fluye para que puedas llevarla a cabo sin preocuparte por nada. El universo conspira para ello, te ayuda, es tu aliado, está ahí para cumplir tus órdenes. Solo ten cuidado de no dar las órdenes o desear equivocadamente.

Porque... ¡TUS DESEOS SON ÓRDENES!

Cuando aparece tu misión, la reconoces, puesto que es algo intrínseco a ti. Vibrarás ante ella, sabrás claramente en lo más profundo de ti que es lo que tienes que hacer. Simplemente lo sabrás, sin esfuerzos, sin dudas, solo lo sabrás. Y no tendrás que preocuparte por nada... Recuerda que el universo está ahí para disponer todo lo que necesites. Se darán todas las circunstancias adecuadas, aparecerán las personas precisas, llegarán a ti los recursos necesarios y así todo irá fluyendo.

CRÉELO... ¡ES ASÍ!

Somos seres inmortales que estamos viviendo una experiencia temporal en un cuerpo físico y que en cada experiencia tenemos un cronómetro... Pero tranquilo, no hay prisa, el universo dispone de todo el tiempo del mundo y tú, todo el tiempo de la eternidad.

Volviendo a nuestro paseo temporal por esta existencia, simplemente tenemos que saber (y no «pre-ocuparnos», sino simplemente saber) que aquí existe el factor tiempo, de una manera en la que, en nuestra esencia y realidad dimensional a la que realmente pertenecemos, no estamos acostumbrados. Ya que aquí el tiempo es lineal y como el tic-tac biológico humano va avanzando, debemos espabilar, pero... ¡Cuidado!, no hay que correr. No es necesario, porque entonces nos perderíamos lo mejor de la experiencia, lo mejor de la vida, que es VIVIR.

Debemos reaccionar, ser conscientes de quiénes somos, de dónde estamos y de qué hemos venido a hacer.

Y lo que hemos venido a hacer es:

VIVIR = EXPERIMENTAR = EVOLUCIONAR

La misión es un añadido, un acto o una acción que por nuestra esencia de amor nos hemos ofrecido a cumplir; es de suma importancia aunque no imprescindible para la evolución y la continuación del gran plan universal, y no tu «plan de vida», que es otra cosa.

Te explico:

Plan de vida: plan PERSONAL. De carácter interdimensional, cuyo objetivo es VIVIR. Experimentación individual y colectiva para la EVOLUCIÓN DEL SER.
Plan Universal: plan INTERPLANETARIO e INTERGALÁCTICO. De interés colectivo y, como su nombre indica, de nivel UNIVERSAL.

Tiene que ver con el proceso existencial del desarrollo del PLAN ORIGINAL, que debe llevarse a cabo inicialmente desde un ámbito personal para la comprensión, preparación e incorporación a un colectivo interplanetario e intergaláctico perfectamente estructurado para garantizar la constante EVOLUCIÓN DEL UNIVERSO.

Parece tan importante que nos viene grande, ¡demasiada responsabilidad!

Pero tranquilo, no debes preocuparte por nada.

Como es arriba, es abajo.

Todos somos uno.

Uno solo es simplemente una gota de agua en el océano, una neurona en nuestra inmensa red neuronal. Si te fijas en una sola neurona entre millones y millones, parece insignificante, así que tranquilo, sin agobios, sin «pre-ocupaciones»: ahora eres consciente de ello y entras en el juego que tú cocreaste y que complementa ese plan. Solo si tú quieres... Si no quieres, el carrusel no se parará por ello, ¡no! Continuará girando y girando.

Pero tengo otra información: si estás aquí y ahora, leyendo este libro, que es una de las migas de pan que decidiste poner en el camino de tu recorrido, permíteme decirte que «ya te has comprometido a jugar» y a aportar tu granito de arena en este Gran Plan. Porque no existen las casualidades.

No olvides la red neuronal de millones y millones de neuronas... Quédate con esa idea y continúa leyendo.

En medicina estudiamos la célula nerviosa –la neurona–, que es diferente anatómicamente a todas las demás células. Está formada por un cuerpo, un núcleo, un axón y varias dendritas. El cuerpo y el núcleo tienen las mismas funciones generales que en otras células, pero... y aquí viene la diferencia, el axón y las dendritas son medios de recepción y conducción de estímulos nerviosos; es decir, la neurona recibe la estimulación exterior a través de las dendritas, las cuales reciben el impulso nervioso que llega desde el axón correspondiente a otra neurona. Y a su vez, transmite ese impulso a la siguiente neurona a través del axón que conecta con las dendritas de esta, la cual recibe el estímulo y continúa transmitiéndolo. Esta acción se repite una y otra vez entre los millones y millones de neuronas de la red neuronal del sistema nervioso.

Ahora volvamos a ti.

Tú eres una de esas neuronas que suman millones y millones y conforman la red neuronal, en este caso una GRAN RED DE CONSCIENCIA PLANETARIA, que se necesita para llevar a cabo el PLAN UNIVERSAL.

Cada una de las neuronas recibe y transmite un estímulo, CADA UNA DE LAS NEURONAS ES IMPORTANTE, así que TÚ eres importante y necesario para que ese flujo de estímulos se mantenga en actividad, completa e ininterrumpidamente.

TE NECESITAMOS ACTIVO EN ESTA RED.

¿Qué sucede en una persona y su sistema nervioso cuando sus neuronas no funcionan adecuadamente, cuando se atrofian o mueren? ¿Qué ocurre con esa persona? Y como consecuencia, ¿qué ocurre con su entorno?

Es entonces cuando aparece la demencia —ya sea vascular, senil o degenerativa— el párkinson, el alzhéimer otras enfermedades de origen neuronal.

En esos casos las neuronas están dañadas y mueren. Esas personas olvidan. Olvidan quiénes son, olvidan dónde están, olvidan quiénes son sus seres queridos, no reconocen a quienes les rodean. En medicina lo llamamos «cuadro de desorientación en las tres esferas psíquicas» (persona, espacio y tiempo). ¿Te suena de algo...? ¿Me estás siguiendo?

Este cuadro genera un estado de caos, especialmente en quienes rodean a la persona afectada, que cree que todo está bien, porque no es consciente de la realidad, y a partir de ahí aparecerán otras alteraciones cada vez más acentuadas, tales como agitación psicomotriz, pérdida de memoria cada vez más importante, alucinaciones con alteraciones graves de la percepción, pérdida de control de los esfínteres y olvido de acciones tan básicas como comer.

¿Alguna vez te ha ocurrido algo de esto? Pero no me refiero a el alzhéimer o a la demencia degenerativa. ¡Me refiero a los síntomas!

¿Alguna vez has sentido, que no sabes quién eres, que incluso no reconoces las situaciones y a las personas que te rodean? ¿Has sentido que estás ahí... en un espacio-tiempo que no termina de resonar contigo, y no te explicas por qué está sucediendo todo eso? ¿Por qué estás aquí? ¿Por qué a ti?

Te miras al espejo y no te reconoces, sabes que estás ahí dentro, pero no eres la persona del reflejo, esa no es tu casa, ese no eres tú. ¡Algo está pasando, algo no va bien!

¿A qué se debe? ¿Lo has pensado alguna vez?

¿En alguna ocasión te has sentido un bicho raro en medio de un mundo desconocido y no sabes por qué?

¡Ahora si te suena eso! ¿Verdad que sí?

Son síntomas de olvido. Las neuronas se han desconectado, están atrofiadas, están dormidas y hemos olvidado quiénes somos. Se ha interrumpido la información, el flujo de estímulos, y hemos enfermado, perdiendo la perspectiva de persona, espacio y tiempo.

No recordamos quiénes somos, no recordamos quiénes son los que nos rodean, no recordamos por qué estamos aquí y nos sentimos confundidos con respecto al tiempo de existencia en este lugar.

¿Comprendes ahora el proceso actual de la humanidad?

Estamos desconectados de esa red de la que formamos parte.

En el alzhéimer la persona afectada lo primero que pierde es la memoria a corto plazo, mientras que aún mantiene la memoria a largo plazo, los recuerdos de su niñez y de su adolescencia, recuerdos que creía olvidados pero que se encontraban grabados en su memoria, a salvo en sus registros antiguos.

También nosotros, al desconectarnos, perdemos la información de quiénes somos, de lo que nos rodea y lo ocurrido más recientemente (recuerda que somos eternos e interdimensionales y que nuestro verdadero tiempo no es lineal).

Te preguntarás: «¿Y cuáles son nuestros recuerdos más recientes?». Tal vez lo más reciente en nuestras vidas sea esta misma existencia y por eso se ve afectada por la turbulencia que presenta alguien con alzhéimer o demencia. Quizás forman parte de nuestros recuerdos recientes las vidas vividas en los últimos dos mil años y por eso también lo hemos olvidado, hasta tal punto que ni siquiera creemos que existieron esas otras vidas.

Como es arriba, es abajo. Si el universo funciona así, y lo que hay aquí es solo una mínima expresión de lo que hay allí arriba... ¡racionaliza!

La persona con alzhéimer, al mantener sus recuerdos más básicos e iniciales, presenta fases de demostración de amor hacia la figura que les dio la vida y muestra de necesidad de ella, por eso al final se comportan como niños que necesitan de los cuidados y protección de sus padres. Por eso, por lo general confunden a sus hijos con sus padres y a sus nietos con sus hermanos. Esto es porque lo único que se mantiene de su memoria es esa esencia inicial de donde proceden; por eso, incluso al morir lo hacen como niños, buscando la protección de «la Matriz de mamá».

En mis seis años de experiencia en geriatría, principalmente en el área de psicogeriatría, observé cómo la mayoría de estos pacientes, al morir, lo hacen dormidos, acostados en posición fetal como recreando el confort y la protección de esa esencia inicial que recuerdan: el útero materno.

El término es el principio, al final regresamos al inicio. Solo quieres volver a casa, ese lugar de donde realmente sabes que provienes.

De ese modo, si estamos afectados por esa enfermedad o desconexión neuronal, y por ello lo primero que olvidamos es nuestra memoria reciente (reciente relativamente), tengo buenas noticias: aún mantienes la memoria de quién eres y de dónde vienes, solo que crees que no lo sabes o que lo has olvidado, pero no es así.

¡Siempre lo supiste!

Y es por eso por lo que te sientes aquí como fuera de lugar, fuera de casa, porque recuerdas que no eres de aquí, que esta realidad es solo un teatro o sala experimental en donde estás de paso. ¡Y tú lo recuerdas!

Cuando eras niño lo tenías claro, pero cuando comenzaste a crecer y entrar más en esta realidad virtual, pensaste o te hicieron pensar que tus recuerdos de quién eres y de dónde vienes no eran ciertos, que no eran reales, que debías guardarlos en el fondo de tu memoria y sumergirte en esta realidad, olvidándote de todo lo demás, olvidándote de tu origen. Te hicieron pensar que esta sociedad es tu hogar y te dieron una nueva identidad acorde con ella.

De niño tú lo sabías, tenías información porque aún estabas conectado. Ahora solo lo intuyes y debes aferrarte a ese estímulo para reaccionar y despertar a tu realidad, despertar a tu origen de ser interdimensional, un ser inmortal que decidió vivir esta experiencia de vida con un objetivo y una misión.

Objetivo: VIVIR (evolución individual).

Misión: COLABORACIÓN (colaborar con el Plan Cósmico para la Evolución Universal).

La misión llegará cuando tenga que llegar… Siempre lo hace, no te «pre-ocupes» por el tiempo. Si el tic-tac está adelantado, ya has hecho acuerdos previos con colegas allí arriba o aquí al lado que hemos venido a darte una palmadita para que reacciones y te vuelvas a conectar uniéndote a esa gran red neuronal de Consciencia Universal.

Así que tranquilo, lo harás a tu ritmo y a tu manera, ese es el libre albedrío, pero antes o después lo harás.

Recuerda que el Plan Divino es COLECTIVO y no te incluye solo a ti, pero tú eres parte de él, eres parte de esa Gran Red, y sabes que es necesario que te actives.

Llegará el momento, o probablemente ya ha llegado, de que te des cuenta de que es posible fusionar tu objetivo de vida (vivir/evolución individual) con tu misión (contribuir/evolución universal) y despertar a tu verdadera esencia y realidad existencial.

Así que ¡buenos días..!

¡Ya es hora de DESPERTAR!

Tómate tu tiempo… No hay prisa.

Pero…

¡TE ESTAMOS ESPERANDO!

Tic-tac, tic-tac, tic-tac…

Anexo

Hermanos cósmicos

El 20 de mayo de 2015 tomé el vuelo TP58 en Brasilia con destino a Portugal, desde donde enlazaría con otro hacia Madrid. Me dirigía a España para asistir al curso Zen que impartiría en Sevilla la Fundación Zen, con Suzanne Powell, los días 22, 23 y 24 del mismo mes. Quería asistir al curso porque sentía curiosidad por todo ese mundo espiritual o energético. Sentía admiración por las personas que trabajaban en ese despertar, como lo llaman, y ayudaban a otros. Había visto por internet el congreso de médicos y sanadores en el cual también dio una conferencia Suzanne y me pareció algo maravilloso y armónico el hecho de llegar a tener la capacidad de ayudar a mis pacientes no solo a un nivel físico de la enfermedad sino más allá, buscando la raíz verdadera de su problema para ayudar a solucionarlo. Y por ese motivo y por una fuerza en mi interior que sentía superior a mí, compré los billetes de avión y me dispuse viajar a España para realizar el curso Zen.

Mientras estaba en el avión (no sé qué hora sería, pero fue justo después de cenar), me acerqué a la ventanilla y miré hacia el cielo... buscando respuestas. Le pedía a Dios o a quien estuviera allí arriba que me diera una señal de que estaba en el camino correcto, que no me estaba dejando llevar por una fantasía... Recuerdo que miraba las estrellas y pensaba, mientras sonreía:

—Como estoy más cerca del cielo, ahora me tenéis que escuchar.

Me di cuenta de que la señora del asiento a mi lado me miraba con cara rara, tal vez por verme sonriendo sola y mirando tanto tiempo por la ventanilla. Pero eso no me importó y continúe pidiendo respuestas o alguna señal. Tenía la sensación de que me estaban escuchando, así que pregunté desde lo más profundo de mi corazón:

—¿De verdad estáis ahí?

Y de repente vi lo que creí que era una estrella fugaz enorme que tardó varios segundos en desaparecer y que a mí me parecieron eternos por todos los detalles que puede percibir. Su luz cambiaba de color como los colores del arcoíris y luego desapareció. Comprendí que aquello era una respuesta a la pregunta que había formulado anteriormente, así que, pidiendo otra señal, nuevamente hablé desde mi corazón y sin usar los labios por dos motivos: uno, que la señora sentada a mi lado pensaría que yo estaba loca al verme hablando sola, y dos, porque probablemente mi mente científica no se conformaría solo con ver una estrella fugaz parpadeando con luces de colores. Así que pedí:

—¿Podríais hablar conmigo?

Mientras, estaba recostada en la ventanilla de perfil, mirando hacia el firmamento. Entonces vi un rostro en mi ventanilla. Al principio pensé que era mi reflejo, pero mi reflejo debería mostrarme el perfil, por la posición que tenía yo en ese momento, mientras que aquel rostro estaba justo de frente, así que me incorporé y lo miré fijamente. Era como si hubiera un rostro en primer plano en la pantalla de un televisor. Sus ojos llamaron toda mi atención, eran grandes y oscuros, no eran los ojos claros, azules y cristalinos que tal vez esperaba (lo digo por las imágenes de ángeles y seres galácticos que se ven por internet); además eran uniformes por completo, no tenían iris, solo una gran pupila. Es curioso porque no sentí miedo; cuando miraba esos ojos sentía paz, cariño, afecto... Era una sensación que no puedo describir con exactitud. Pensé: «Me estoy volviendo loca» y él respondió:

—No es así.

Yo volví a pensar: «Ahora escucho voces en mi cabeza con total claridad y que sé con certeza que no soy yo, pero a lo mejor es mi mente... Confirmado estoy Loca.» Entonces vuelvo a escuchar mientras continuo mirando aquel rostro,

—No es tu mente, es la Mía, yo puedo escuchar lo que piensas y tú escuchas lo que pienso yo.

Y continuó diciendo:

—Soy Gentic de Arian. –Y me mostró una estrella que estaba a mi izquierda. Después añadió–: Pero ahora estoy en la constelación Caspert –y dirigió mi atención hacia un grupo de estrellas que también quedaban a mi izquierda.

Yo volví a pensar: «Esto es un sueño o me estoy volviendo loca», a lo que me respondió:

—No lo es, y para que te lo creas, saca un lápiz y escribe. —Yo dudé y él repitió enérgica pero dulcemente—: Vamos... Escribe...

Abrí el bolso que tenía debajo del asiento, saqué una libreta y comencé a escribir lo que me había dicho. Conseguí dibujar la posición de ocho de aquellas estrellas que formaban parte de su constelación.

Le pregunté:

—Entonces tu hogar no está muy lejos, ¿no?.

—A miles de años luz de Terra —Y comprendí que al decir Terra se refería a la Tierra. Continuó—: Una vez estuvo en oscuridad, pero queremos la paz en la galaxia y el universo.

Volvió a proyectar algo en mi mente, pero esta vez la imagen no correspondía con lo que me estaba diciendo: vi su cuerpo como flotando en la nada oscura; era muy parecido al cuerpo de un hombre, sin genitales y de piernas algo alargadas para su proporción anatómica, al igual que su cabeza. A continuación me dijo:

—Humanoide de ojos grandes. —Su tono era algo jocoso y comprendí que así era como entendía que le vería.

Al ver que miraba con especial atención las características de sus miembros inferiores, me dijo:

—Hay seres que no tienen extremidades en otros mundos —y me proyectó la imagen de unos seres con la anatomía muy parecida a la de él pero sin extremidades.

En mi mente retumbó la palabra Ovixs (no sé si era el nombre del planeta o de la especie). Aquellos seres iban levitando a unos cincuenta centímetros del suelo, de un lado a otro, con una velocidad que a mí me parecía estresante, pero curiosamente emanaban tranquilidad y felicidad absoluta y no sé por qué me recordaron a las personas con síndrome de Down. No le vi relación, pero preferí no cuestionarlo.

Me sentí un poco confundida porque la voz que escuchaba era masculina pero con una dulzura femenina, mientras que su rostro me parecía de hombre y su mirada de mujer. Así que le pregunté:

—¿Eres hombre o mujer?

Respondió:

—No es importante.

Entonces me miró de una manera diferente. No emitía palabra alguna en ese momento, pero su mirada me decía que debía prestar mucha atención. Y me dijo:

—La Tierra pasa por un periodo de oscuridad, justo antes del amanecer, del despertar… Debéis recordarlo. Tenéis que ayudarla, amándola y amándoos los unos a los otros. El automaltrato no es bueno.

A continuación volvió a proyectar otra imagen en mi mente de lo que creo era o es su mundo. En él predominaban los colores verde y blanco (el suelo en vez de marrón era verde y las construcciones, de un blanco intenso que deslumbraba; también había matices de otros colores en menor proporción que no sabría describir).

Tenían una emperatriz… La vi de perfil, pero supe con certeza que era mujer y era quien lideraba en aquel lugar. Su nombre era Amshapk (fue el nombre que resonó en mi cabeza cuando la vi mirar, no con superioridad, sino con Amor y protección, a aquellos de quien se sabía responsable.

Vi a un grupo de ellos que, como Gentic lo había descrito, eran de aspecto humanoide y de cabeza grande. Jugaban a algo que parecía alguna práctica deportiva y parecían felices.

A continuación volvió a presentarse su rostro a través del cristal y me di cuenta de que todo aquello lo estaba viendo a través de sus ojos. Volví a mirar en conjunto su rostro y le pregunté:

—¿Quién eres?

—Soy una especie de patrullero por diferentes galaxias del cosmos.

Y oí retumbar en mi cabeza las siguientes palabras:

—Vosotros sois nosotros. Vosotros sois nosotros. Vosotros sois nosotros.

Interpreté que tal vez querían decirme que al ayudarnos a nosotros se ayudaban a ellos mismos.

Después volví a ver esa mirada en su rostro de «guarda silencio y presta atención». Y dijo:

—El universo está dentro de vosotros. ¿Por qué lo buscáis fuera? La abundancia, el amor, la felicidad, lo que constituye el universo se halla en vuestro interior, incluso el mal... Pero el mal no existe tal y como vosotros lo proyectáis, sino que es simplemente una proyección de lo que «es» y de lo que «no es», de lo que «tiene que ser» y de lo que «no tiene que ser», de lo que «puedes escoger» hacer o de lo que «no escoges».

Yo le miré con cara de contrariada y él añadió:

—Busca dentro de ti y hallarás la respuesta a todo.

En ese momento sentí cómo se estaba despidiendo y en lugar de su rostro vi proyectado un objeto.

—Es un presente para ti.

Era un colgante, un medallón con forma de mariposa que se reproducía una y otra vez, una y otra vez dentro de ella misma, de algún tipo de metal plateado muy liviano, fino y muy brillante, con un cordón oscuro de un tejido que parecía vegetal.

Dijo:

—Cuando veas mariposas cerca, piensa en...

No oí lo siguiente, así que pregunte:

—¿Pienso en qué, en quién?

Esta vez la respuesta fueron solo tres palabras, y más que sonar solo en mi cabeza, las sentí también en mi corazón, acompañadas de una sensación que solo puedo comparar con el Amor incondicional y una enorme pureza... Eso fue lo que sentí al escuchar la respuesta:

—...tus Hermanos Cósmicos.

Pensé que aquella sensación de Amor incondicional solo era comparable al amor de una madre por sus hijos y surgió una duda en mí: «¿Tienen hijos?».

La imagen del rostro de Gentic ya había desaparecido y yo solo veía el inmenso cielo oscuro lleno de estrellas, pero aún seguía ahí. Respondió diciendo:

—Sí, tenemos hijos, pero nuestra manera de reproducción es diferente a la vuestra. Todos somos madres de todos y todos somos padres de todos.

Luego hubo un silencio absoluto y comprendí que se había marchado. Así que le di las gracias por todo lo que había compartido conmigo y guardé la libreta en mi bolso. Al incorporarme me di cuenta de que la señora del asiento contiguo me miraba con cara rara y ahora el señor de atrás también. Así que les brindé una sonrisa, me tapé con la manta y me hice la dormida hasta que de verdad me dormí.

El resto de mi trayecto transcurrió sin mayor incidencia hasta que sentada en el Ave unas dos horas después de haber salido de Madrid, de repente vi una mariposa posada en mi ventana... Miré con asombro y la chica de al lado también, puesto que es imposible que se mantenga una mariposa en el cristal de un tren que viaja a tan alta velocidad... Hasta que recordé las palabras de Gentic: «Cuando veas mariposas cerca, piensa en tus Hermanos Galácticos». En ese momento sonreí, cerré los ojos y me quedé dormida, sintiendo aquella paz, y sin interés alguno en ese momento de seguir cuestionándome más; supe que era real.

Llegué a Sevilla y asistí el primer día al curso Zen. Estaba a la expectativa, no quería entregarme a la ligera; pensaba: «Lo de los hermanos cósmicos es una cosa, pero este curso va de energías Zen para curación o algo así...». Y me preguntaba: «¿Aprenderé aquí a usar una herramienta de trabajo que de verdad pueda ayudarme a mí misma y a mis pacientes? Igual estoy bloqueada, así que voy a hacerme un Reset y a ver qué pasa». Al llegar al hotel donde estarían haciendo los Resets vi que estaban firmando libros —yo no había leído ni visto los libros de Suzanne— y me acerque, pedí uno de cada y me fui a esperar en la sala siguiente para el Reset. Al sentarme comencé a leer los títulos de los libros e imagina la sorpresa que me llevé al ver la portada del segundo, *Atrévete a ser tu Maestro*: ERA UNA MARIPOSA con un medallón por encima... La tercera mariposa en menos de cuarenta y ocho horas... Y en ese momento supe que la divinidad, o el universo, estaba dando respuesta a mi primera pregunta («¿estoy en el camino cierto?»): la respuesta era un rotundo sí.

Quería terminar estas líneas con esa frase: ESTOY EN EL CAMINO CIERTO, pero algo o alguien me hace sentir con mucho amor que realmente no es que esté en el camino cierto..., sino más bien que ESTOY EN EL CAMINO DE REGRESO A CASA.

Gracias, Suzanne, por la enorme y bella labor que estás realizando por el bien y por amor a nuestra humanidad.

Gracias, Hermanos Cósmicos, de dondequiera que seáis y dondequiera que estéis, por acompañarnos en este proceso.

Dra. Beisblany Maarlem Castillo,
Sevilla, 23 de mayo de 2015, 4:44 am

Índice

Agradecimientos	9
Prólogo	15
Prefacio	19
Introducción	25
A la humanidad	33
Volver a ser felices	37
Nuestra capacidad de ser felices	39
Amor incondicional	41
Razones para amar	47
Proceso evolutivo y origen	51
Vibraciones Zen	53
Recordando	65
El arte de la medicina y el milagro Zen	71
El universo real	89
Cocreadores del Universo	97
Proceso de liberación	107
Nubes grises	119
Quiénes somos	129
Soy Elhiott	137
Hermanos cósmicos	151